EDU SANTOS

A VERDADEIRA CONCEPÇÃO DO
Engajamento e
MOTIVAÇÃO

Descubra como liderar e empoderar pessoas – e a própria vida
– a partir do autoconhecimento guiado pela gestão emocional

Literare Books
INTERNATIONAL
BRASIL · EUROPA · USA · JAPÃO

Copyright© 2017 by Literare Books International.
Todos os direitos desta edição são reservados à Literare Books International.

Presidente:
Mauricio Sita

Capa, Diagramação e Projeto gráfico:
Douglas Duarte

Revisão:
Bárbara Cabral Parente

Gerente de Projetos:
Gleide Santos

Diretora de Operações:
Alessandra Ksenhuck

Diretora Executiva:
Julyana Rosa

Relacionamento com o cliente:
Claudia Pires

Impressão:
Rotermund

Dados Internacionais de Catalogação na Publicação (CIP)
(Câmara Brasileira do Livro, SP, Brasil)

```
Santos, Edu
   A verdadeira concepção do engajamento e
motivação:descubra como liderar e empoderar pessoas -
e a própria vida - a partir do autoconhecimento
guiado pela gestão emocional/ Edu Santos. -- 1. ed.
--São Paulo : Literare Books International, 2017.
   ISBN - 978-85-9455-041-5

   1. Autoajuda - Técnicas 2. Desenvolvimento pessoal
3. Motivação (Psicologia) I. Título.

17-07507                                      CDD-158.1
```

Índices para catálogo sistemático:

1. Motivação : Psicologia aplicada 158.1

Literare Books
Rua Antônio Augusto Covello, 472 – Vila Mariana – São Paulo, SP.
CEP 01550-060
Fone/fax: (0**11) 2659-0968
site: www.literarebooks.com.br
e-mail: contato@literarebooks.com.br

EDU SANTOS

A VERDADEIRA CONCEPÇÃO DO

Engajamento e MOTIVAÇÃO

Literare Books
INTERNATIONAL
BRASIL · EUROPA · USA · JAPÃO

SUMÁRIO

Prefácio	9
Homenagem	11
Introdução	15
1. A teoria do contrato psicológico	19
I – Conceitos	20
II – Elementos	21
III – Modelo de Criação do Contrato Psicológico	22
2. O comprometimento	23
I – Conceitos	24
II – Elementos	24
III – Tipos de Comprometimento	25
IV – Origens do Comprometimento	28
V – Atitudes	29
3. A satisfação no trabalho	31
I – Conceitos	32
II – Elementos Relacionados à Satisfação Pessoal	32
III – Aspectos Comuns	33
IV – Satisfação x Desempenho	34
V – Fatores de satisfação	34
VI – Qualidade de Vida nas Organizações	35
4. O engajamento	37
I – Referencial Histórico-legal	38
II – Origem Etimológica	38
III – Definição	38
IV – O Engajamento no Trabalho	39
V – O Vínculo Emocional	40
VI – A Crença de Controle	40
VII – As Pesquisas	41
VIII – O Momento	44
IX – Manutenção e Mensuração (QE21)	45
X – Natureza Afetiva do Engajamento	47
XI – Retenção x Engajamento	49
5. A motivação	53
I – Etimologia	54

II – Definições 55
III – Princípio da Realidade 56
IV – Motivação Interna e Externa 57
V – Recompensas 59
VI – Neuroquímica 59
VII – A Autoestima 61
6. Necessidades motivacionais 63
I – Necessidades Psicológicas 64
- Competência 64
- Autonomia 65
- Relacionamento 68

II – Modelo Motivacional de Compromisso 69
III – Necessidades Sociais 70
- Poder 70
- Intimidade 71
- Realização 72
- Afiliação 72

7. Motivação cognitiva 73
I – Planos 74
II – Metas 75
- Metas de Realização 77
- Autoconcordância 78

III – Intenções 79
IV – Sistema de Autorregulação 80
V – Crenças de Controle 80
- Expectativas de Eficácia e de Controle 80

VI – Autoeficácia 82
- Fontes 83
- Efeitos Comportamentais 83

VII – Teoria da Reatância (Resistência) 85
VIII – Identidade 85
- Controle do Afeto 86
- Papéis 87

8. Personalidade — 89
I – Avaliação de Fatores Motivacionais — 90
II Características Motivacionais — 90
- Introversão (Sistema de Inibição Comportamental) — 91
- Extroversão (Sistema de Ativação Comportamental) — 91

III – Felicidade — 91
IV – Humor — 92
V – Estímulo Ambiental — 93

9. Motivação para autorrealização — 95
I – Busca de Crescimento — 96
II – Busca de Validação — 97
III – Significado — 97
IV – Revisando Maslow — 98
V - Comportamentos para Autorrealização — 100

10. Gestão emocional: o uso das emoções para reproduzir competência motivacional — 103
I – Competência sob a Ótica da Administração — 105
II – Emoção e Motivação — 106
III – Fisiologia — 106
IV – Os Atributos Funcionais das Emoções — 107
V – A Estrutura das Emoções — 109
VI – Componentes da Estrutura das Emoções — 109
- Esperança e Expectativa — 109
- Referência Temporal — 110
- Envolvimento — 110
- Intensidade — 111
- Comparação — 112
- Ritmo — 112

VII – Gerindo as Emoções — 113
- Critérios — 113
- Funções — 114
- Avaliação — 114
- Capacidades — 115
- Finalidade das Emoções Negativas — 115

- Atenciosidade ... 117
- VIII – Reprodução de Competência Motivacional ... 117
  - Método Emprint ... 118
  - Relação de Causa e Efeito ... 120
  - Procedimentos ... 121
  - Valores e Crenças ... 121
- IX – Teoria da Mente ... 123
- X – Sistemas de Representação ... 124
- XI – Senso de Realidade e Atração ... 125
- XII – Emoções Chaves ... 126
- XIII – Mudança ... 126
  - Disciplina do Hábito ... 128
  - Fases de Aquisição do Hábito ... 128
  - Poder da Sugestão ... 128
  - Ação Negativa ... 129
  - Ação Positiva ... 130
  - Poder do Hábito ... 130
  - Poder do inconsciente ... 131
- XIV – Recompensas ... 132
  - Código Mental ... 132
- XV – Ambiente e Hábitos ... 133
- XVI – Competência baseada no CHANGE ... 134
  (conhecimentos, habilidades e atitudes norteados por gestão emocional)

Considerações finais ... 137
Referências bibliográficas ... 143
Referências complementares ... 146
Contato com o autor ... 151

PREFÁCIO

Antes de tudo, quero agradecer a honra e a confiança depositadas pelo autor ao me conceder o encargo e o privilégio de apresentar esse prefácio, o que, segundo ele, reflete tão somente o nível mais elevado de admiração recíproca e da nobreza de uma rara amizade e empatia, que não se delimita no tempo.

Quem conhece o Edu Santos não poderia esperar algo diferente do seu primeiro livro, principalmente em uma de suas principais características: a responsabilidade com a qualidade do conteúdo em tudo que faz. O livro com certeza será uma obra obrigatória nos cursos da área de gestão, seja Administração, Psicologia e tantas outras formações acadêmicas que se reinventam para responder a este novo mundo que entende que é na educação emocional que se encontra a fórmula da felicidade e do sucesso. Também acredito que qualquer profissional da área de gestão de pessoas que se preze também terá neste livro uma nova referência de suporte para lidar com seus desafios no campo da motivação e do engajamento.

Edu Santos consegue, a partir da pesquisa e estudo de mais de oitenta livros com bases doutrinárias nacionais e internacionais, apresentar-nos um compêndio bastante consistente e também didático do que há de melhor, mais avançado e atualizado nessas temáticas, de alta relevância no ambiente corporativo, especialmente diante de cenários de turbulência e de constante transformação.

Uma produção que traz uma linha reflexiva, científica e positiva da gestão emocional e motivacional, seja ela no campo individual, seja no âmbito organizacional. Considerando minha experiência como consultor em gestão de pessoas há mais de vinte anos, palestrante, professor de pós-graduação há mais de quinze anos, coach, especialista em gestão de carreira, permito-me sugerir como dica aos leitores – a partir da percepção que tive sobre a obra – que façam uma leitura minuciosa, detalhada e atenta dos mais diversos conceitos apresentados neste livro, sempre com o olhar e o questionamento de como estão gerenciando sua vida pessoal e profissional. Para os responsáveis pela gestão de pessoas nas organizações, o quão adequadamente estão lidando com temas relevantes como: a satisfação, a motivação, o engajamento, a personalidade, a autoestima e a gestão emocional.

Desejo boa leitura a todos e tenho a certeza de que este será o primeiro de muitos livros que virão desta nova referência no Brasil, precursor da gestão motivacional na seara de recursos humanos e um defensor da bandeira da educação emocional como instrumento de transformação do indivíduo.

Fábio Rocha,
Consultor
Diretor da ABRH/BA

HOMENAGEM

Todo e qualquer sonho, objetivo ou causa apresenta desafios e provocações. Ora levantam dúvidas, ora reforçam certezas. Questionamentos são sempre feitos, o filtro da intenção é o que mais importa. Não há a favor ou contra, apenas visões e percepções, cada qual apenas acreditando à sua forma, com as suas respectivas motivações. Tudo em nome de uma META!

No final, o resultado está aí, entregue, para cumprir com seu propósito, após longo período de preparação, fruto do denodo e da convicção de que há maneiras diversas de se chegar ao destino. Assim, agradeço a todos pelo suporte, em especial aos meus pais – Élvio e Natalina – pela paciência e estrutura para que eu me tornasse a pessoa que sou. Cada qual teve um impacto nessa jornada, e não posso ser injusto em citar demais nomes e cometer o deslize de esquecer alguém importante, até para proporcionar o gostinho oculto presente na mente, na alma de quem participou da minha jornada e sabe exatamente o que me despertou e o valor que tem para mim.

Não há como deixar de agradecer aos estimados amigos que revisaram a obra e teceram seus comentários, a fim de que eu pudesse chegar ao formato adequado dessa publicação. Tanto os acertos quantos os erros, as conquistas e as perdas, foram necessários para que eu pudesse percorrer esse caminho do conhecimento. A bem da verdade, uma procura pelo autoconhecimento, cujas trilhas traçadas merecem ser compartilhadas. Todos merecemos a oportunidade de nos tornarmos pessoas melhores, e esta obra ambiciona não só retribuir a todos que contribuíram com a minha formação humana – a lembrança dos professores do ensino fundamental é inevitável –, mas também servir como base para que cada leitor a utilize como instrumento de massificação da educação emocional, a qual tem o condão de direcionar a nossa motivação e o rumo de nossas vidas.

Pudera eu, quando jovem, ter tido acesso a informações que demonstrassem a importância desse tema. Por certo que muita coisa seria diferente. Porém, a diferença é possível de ser feita agora, ao exercer essa missão através dessa obra, para que saibamos conduzir nossas motivações e deixarmos de ser reféns emocionais. Que sejamos todos vencedores, eu, você, as organizações, as instituições públicas, a fim de alcançarmos uma sociedade mais consciente na construção de um mundo melhor.

Em resumo, presto minha homenagem em versos:

"Convivo com muitas pessoas,
Por mais ou por menos tempo.
Tanto as más quanto as boas,
Atento-me ao comportamento.

Não importa se já há anos
Ou apenas por alguns dias.
Nada altera os nossos planos
De receber e dar alegrias.

Por vezes, estamos longe,
Por outras, estamos perto.
Há algo que ainda se esconde?
Descubra se for esperto.

Talvez um desejo secreto,
Quem sabe uma inquietude.
Ninguém muda por decreto,
Simples questão de atitude.

Na verdade não há mistério,
Basta agir com curiosidade.
Não se leve tão a sério,
Pois isso não tem idade.
Então te faça perguntas,
A vida é que dá respostas!
Se estas pessoas andam juntas:
Ah! Deus escreve por linhas tortas..."

Edu Santos

INTRODUÇÃO

---✦---

Cerca de 30% dos colaboradores no Brasil sofrem da Síndrome de *Burnout*, um distúrbio psíquico desmotivador de caráter depressivo, consequência da tensão e estresse emocional no ambiente de trabalho. Os custos com o tratamento de depressão chegam a 4 bilhões de dólares nos Estados Unidos, conforme a International Labour Office.

Quase 50% dos trabalhadores entrevistados numa pesquisa afirmaram terem sido vítimas de assédio moral, com repercussão direta nas demandas trabalhistas, as quais resultaram em condenações por indenização por danos morais. Cerca de 160 mil ações de assédio moral tramitaram no Brasil em 2015, segundo o Tribunal Superior do Trabalho. Não há dados consolidados sobre o tema no Brasil, mas se levarmos em conta que metade dessas ações são julgadas procedentes – apenas a título ilustrativo – com condenações de indenizações na média de R$ 10 mil, estamos falando em R$ 800 milhões apenas da repercussão judicial, sem falar nos custos de saúde e afins.

Apenas 13% da massa de trabalho no mundo está engajada, segundo pesquisa do Gallup em 2013. O Brasil é o oitavo país com maior número de suicídios no mundo, apontou relatório da Organização Mundial da Saúde. O que há em comum entre esses exemplos? O fator emocional! A falta de educação emocional, de gestão emocional para lidar com as situações do dia a dia, elemento determinante das nossas motivações. O que tem sido sonegado na pauta das corporações, os números falam por si só.

Mesmo diante desse cenário, segue uma tresloucada pressão por resultados, através de reiteradas manobras de se buscar o estímulo e o compromisso dos colaboradores a partir de ações confusas, com viés exclusivo de lucro, em que só mudam a nomenclatura, exigindo: comprometimento, engajamento, motivação, etc. Mal se consegue resolver a questão inerente à motivação e o foco é desviado para o engajamento, sem que os gestores se deem conta de que há uma distinção e um elemento comum entre ambos, conforme o que se busca estimular no colaborador. Entretanto, é compreensível que esses erros sejam comuns, pois o foco está no resultado, na meta, não na proficiência do colaborador, no crescimento do ser humano.

Veja-se que para 67% dos colaboradores a principal queixa é a falta de reconhecimento profissional e insatisfação pessoal com o trabalho, conforme pesquisa da Elancers (2016/2017). Pelos dados da Isma Brasil em 2014 (International Stress Management Association), 72% das pessoas estão insatisfeitas com o trabalho, sendo que 89% dessa insatisfação têm a ver com a falta de reconhecimento, 78% com o excesso de tarefas e 63% com problemas de relacionamento.

Já 77% dos trabalhadores brasileiros já cogitaram em pedir demissão do emprego e começar uma nova carreira e 65% gostariam de fazer uma atividade mais conectada à própria personalidade, segundo levantamento da Pactive Consultoria, em 2013.

O Instituto de Pesquisa e Orientação da Mente (IPOM) apontou, em 2014, que 70% dos profissionais pesquisados expressaram insatisfação com a carreira ou emprego e gostariam de trocar de empresa ou função. Acrescenta que 68% afirmam ser capazes de exercer cargos mais valorizados ou mais bem remunerados, mas se sentem vítimas de chefes injustos e de um sistema empresarial que não preza pelo reconhecimento. Destaca que 65% das pessoas que não fazem o que gostam apenas toleram exercer uma atividade remunerada sem prazer em virtude de fatores financeiros, familiares ou por imposição social.

Por sua vez, a Pesquisa Nacional por Amostra de Domicílios, de 2015, referente às Relações de Trabalho, do Instituto Brasileiro de Geografia e Estatística, indica que 19,1 milhões (37,3% da massa de trabalho) não têm acesso à capacitação profissional pela empresa, 30,1 milhões (58,6% dos colaboradores) não recebem auxílio-alimentação e que 26,2 milhões (51% dos profissionais) não recebem benefícios sociais complementares.

Nesse emaranhado e diante de tais dados, a área de Recursos Humanos – que agora começou a tomar corpo e ter a relevância que merece – tem o encargo de responder à tamanha demanda e desafios, sem que, muitas vezes, disponha dos recursos materiais e humanos indispensáveis para tanto. Daí que muito dessa confusão gerada decorre do suporte que se vai buscar em outras áreas para executar suas atividades, a exemplo da intervenção do marketing na gestão de pessoas. Cada área do conhecimento tem sua expertise, seu objetivo. Portanto, compete à própria área de Recursos Humanos dar o rumo de suas ações.

As demais áreas devem fornecer apenas suporte, da melhor forma, do como fazer, mas a ação gerida pelas lideranças. Já viram o setor jurídico solicitar ao comercial a confecção de uma petição? Ou o financeiro pedindo ao setor de vendas que realize o fechamento da planilha contábil da empresa? Por que deveria ser diferente no que tange ao setor responsável pela gestão de gente?

Assim, estar-se-á evitando a contratação equivocada de consultores, treinamentos, palestrantes celebridades, humoristas, mágicos, hipnólogos para abordar temas importantíssimos como o da motivação e o engajamento, vez que raros dominam a abordagem científica comportamental, a exemplo do amigo Thiago Neves, o Mágico Kronnus. Tais profissionais não precisam ser descartados (pelo contrário), podem e merecem fazer parte da festa de fim de ano, de eventos comemorativos, com intuito de diversão e afins. Mas com o devido respeito, motivação e engajamento, pois são assuntos sérios, que afetam a saúde, as relações humanas, o comportamento, o desempenho e os resultados, e gera prejuízo. Uma hora e meia de risadas, induções e fotos com famosos não possuem o efeito esperado. Um investimento com efeitos efêmeros, algo de uma semana, nada mais do que isso.

É preciso estudar a fundo – com ares de leveza – a motivação e o engajamento, criando uma cultura com base acadêmico-científica, trazer um pouco das descobertas científicas para dentro das corporações a fim de aperfeiçoar as tomadas de decisões para preparar os gestores para lidar com temas que impactam diretamente os resultados organizacionais. Não há mais espaço para profissionais, bancos de palestrantes e treinamentos posicionarem a motivação como entretenimento, e o engajamento como um apêndice temático da motivação. Assuntos com pontos em comum, sim, mas distintos! As empresas precisam fazer um *mea* culpa, afinal são elas as grandes responsáveis pela cultura da diversão como motivação, quando deveriam propagar a informação de valor agregado, capaz de empoderar seus colaboradores em prol de propósitos mútuos.

Esse é o objetivo dessa obra, fazer uma provocação, um chamado à reflexão, trazendo informações, dados, pesquisas, estudos recentes, ressignificando alguns padrões e conceitos a partir de um firme posicionamento sobre os temas abordados, visando reposicionar a cadeira do RH na mesa diretora. Assim, com lastro nas neurociências, vamos buscar compreender o como e o porquê nos comportamos, agimos e reagimos de determinadas formas, o quanto há de influência das emoções em nossa motivação e engajamento. Tudo isso, visando dispor ferramentas que permitam aos líderes administrar melhor as competências dos liderados, a partir da gestão emocional e motivacional, com base e fundamentação. Desse modo, vamos liderar pessoas e empoderá-las, atingindo autoconhecimento através da educação emocional.

Agora, sob a ótica sistêmica liderada por uma linha de neurocientistas, não mais limitados ao enfoque economicista que norteou as teorias mais conhecidas. Reitero, vamos procurar entender como e por que motivar, sem exclusividade a uma abordagem que vise apenas o atingimento de metas e resultados financeiros. É preciso ir além!

Essa obra tem o intuito de atualizar o assunto, até porque o tema da motivação e do engajamento voltou a ser tratado com seriedade na academia, após longo ostracismo. Vamos apresentar as abordagens mais recentes e as concepções mais coerentes com a finalidade incutida na etimologia da motivação e do engajamento, com a expectativa de agregar valor na atividade do leitor, seja ele um colaborador, um líder, um gestor, um empresário. Minha ambição é trazer um ponto de vista que desperte o que nos move, o que nos entusiasma (do latim *enthusiasmus*, que significa inspiração divina), à procura da convergência em nome do bem comum: empoderar as pessoas a partir da gestão motivacional e emocional! Vamos lá!

A TEORIA DO CONTRATO *psicológico*

I - Conceitos:

Antes mesmo de ingressarmos numa empresa, ocorre um fenômeno subjetivo que estabelece os paradigmas pelos quais aderimos ou não a uma relação de trabalho. Acima de qualquer aspecto formal que envolva uma relação laboral, existe um compromisso subjetivo que transcende os direitos e obrigações do contrato de trabalho. As partes envolvidas estabelecem, cada qual dentro da sua esfera pessoal, o que se denomina de contrato psicológico. Atualmente, cumpre destacar, vivemos um período onde há destaque para os direitos e sonegamos nossas obrigações, o que acaba desequilibrando as relações de trabalho.

Um dos maiores expoentes do assunto, Rousseau (1995) afirma que o contrato psicológico é lastreado em promessas e pode ser descrito como um modelo ou esquema mental, também decorrente da prática social e dependente de fatores como confiança e aceitação. Ressalta, ainda, que o contrato psicológico no trabalho é como o entendimento subjetivo do indivíduo sobre a reciprocidade existente no relacionamento de troca entre ele (funcionário) e um terceiro (a empresa, personificada no líder, no gestor), com base nas promessas feitas explícita ou implicitamente nessa relação.

Interessante que as promessas feitas quando da contratação muitas vezes não são cumpridas, seja por qual parte for nessa relação. Os dados trazidos, inicialmente, sobre satisfação apontam que a confiança é algo que deixa a desejar nos relacionamentos. A própria relação de trabalho não aponta para uma reciprocidade de ganhos. A crise de satisfação passa pelo contrato psicológico.

Segundo Millward e Brewerton (2000), o contrato psicológico envolve obrigações recíprocas, sofrendo grande interferência do componente emocional da relação. Tais autores apontam que o contrato psicológico demanda forte aspecto cognitivo e subjetivo, por se tratar daquilo que cada um acredita ser a obrigação das partes. Por isso que falar em violação de um contrato psicológico torna-se tarefa espinhosa, uma vez que não há uma noção exata do que foi violado ou do que foi cumprido, diante da subjetividade em sua mensuração.

Veja bem, como mencionado, há obrigações recíprocas, mas por força cultural estamos apenas preocupados em destacar os nossos direitos, num sistema paternalista e protecionista, cujo excesso de garantias constitucionais criou uma distorção que não se coaduna com a realidade do mercado contemporâneo. Soma-se a isso a falta de educação emocional, o que torna a leitura do contrato psicológico algo de difícil interpretação.

Por força desse elemento subjetivo, a percepção ganha relevo no que tange a essa interpretação da reciprocidade presente no contrato. Para Siqueira (2003), a percepção de reciprocidade organizacional seria "um conjunto de crenças relacionadas ao modo como os empregados percebem a disposição da organização para emitir atos recíprocos". Diante disso, a qualidade da comunicação passa a ter fundamental importância, explicando muito dos dissabores recorrentes nas relações entre gestores e colaboradores.

Não é à toa que um grupo de pesquisadores aponta a percepção como a competência que fará o diferencial na década de XX desse novo milênio. O que considero como essencial, ante a regulação inconsciente que o indivíduo faz sobre a reciprocidade existente na relação, essencial para se estabelecer a confiança que dá suporte à longevidade dessa relação.

Havendo desproporcionalidade, ocorre um prejuízo seja no desempenho do colaborador, seja na contraprestação do empregador.

II - Elementos:

Smithson e Lewis (2003) apontam que as concepções do contrato psicológico tomam por base elementos inerentes às opiniões, valores, expectativas e aspirações das partes envolvidas em relação às promessas e obrigações implícitas na relação; a confiança nos termos do relacionamento em face das expectativas dependem da subjetividade; a ideia de que o contrato psicológico, por ser dinâmico e mutável, possa ser renegociado continuamente, mudando as expectativas dos envolvidos; e por ser baseado em percepções pessoais, poderemos encontrar diferentes contratos psicológicos numa mesma organização, influenciando a cultura e as relações de forma distinta. Dessa feita, os elementos se resumem em:

Promessas e obrigações que estão implícitas no relacionamento.
Confiança nos termos do relacionamento.
Fenômeno dinâmico e mutável.
Baseado nas percepções individuais.

Há uma convergência entre os autores em relação à importância da percepção e do elemento subjetivo para manutenção desse contrato. Atualmente, algumas empresas já acordaram para essa necessidade de se reconhecer as opiniões e os valores dos indivíduos, de modo a viabilizar a satisfação de suas aspirações e expectativas como profissionais.

III - Modelo de Criação do Contrato Psicológico

Consoante Rousseau (1995), o modelo de criação de um contrato psicológico decorre de um processo em que as pessoas emitem mensagens relativas ao que se procura estabelecer, realizando uma interpretação do que foi posto a partir de sua predisposição individual. Em seguida, faz-se um julgamento condicionado às normas sociais aplicáveis (no que se inclui a cultura, crenças, valores, experiências e expectativas) para se chegar a um contrato psicológico, sendo que cada um criará seu próprio contrato individual em virtude da subjetividade na sua interpretação. Daí a dificuldade de se chegar a um ajuste perfeito, diante da percepção de cada um sobre o que foi estabelecido.

O esquema abaixo ilustra o modelo:

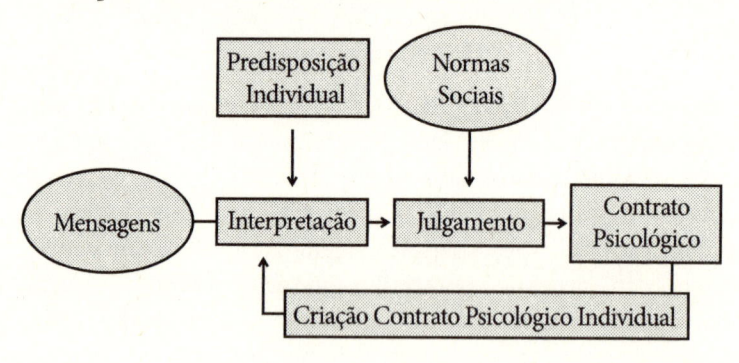

Mensagens → Interpretação ← Predisposição Individual → Julgamento ← Normas Sociais → Contrato Psicológico → Criação Contrato Psicológico Individual

Por isso, é importante que se tragam à tona e se registrem essas percepções e posições subjetivas durante o processo de recrutamento e seleção, a fim de se criar uma interface com o setor jurídico visando aperfeiçoar os instrumentos formais, especialmente diante da flexibilização dos contratos de trabalho. A clareza e a formalização dos direitos e obrigações, a meu ver, facilitam a percepção daquilo que se ajustou, deixando o contrato psicológico mais próximo do contrato formal de trabalho.

O Comprometimento

I - Conceitos:

Para se analisar o engajamento precisamos antes apreciar as premissas do comprometimento, a fim de que possamos compreender o seu efetivo significado e alcance, o que facilita em muito na tomada de decisões nas ações que envolvam a gestão de pessoas. O estudo do engajamento é recente e pouquíssimas obras com respaldo científico foram publicadas no Brasil. Por sua vez, se voltarmos no tempo, final dos anos 70 até final dos anos 90, veremos que as obras e os materiais acadêmicos sobre comprometimento são mais numerosos e abrangentes. Não se pode cogitar de abordar o engajamento sem aprofundar sua concepção etimológica vinculada ao comprometimento.

A demanda recente pelo tema engajamento proporcionou abordagens conotativas, alinhadas ao marketing, com objetivo de envolvimento (úteis para operadores dessa área, mas não na seara de Recursos Humanos e de Gestão de Pessoas). Dessa forma, é preciso esclarecer a verdadeira concepção da palavra engajamento, alinhando os conceitos com o comprometimento, já que estamos falando, pode-se assim dizer, de sinônimos.

Na visão de Bastos (1994), o comprometimento tem significado de engajamento, agregamento. O que se revela como uma disposição que descreve não só ações, mas também o próprio indivíduo, configurando-se como um estado caracterizado por sentimentos e/ou reações afetivas positivas, tais como a lealdade em relação a algo, sendo uma propensão à ação, de se comportar de determinada forma, de ser um indivíduo disposto a agir.

Nessa linha, basicamente a motivação é um motivo para agir, já o comprometimento é estar disposto, é ter vontade por algo, por alguma coisa! O que, por si só, justifica o fato de que não sejam tratados da mesma forma, uma vez que o primeiro parte de um motivo (razão de ser, causa) e o segundo traz em si uma disposição (estado de espírito, ânimo).

II - Elementos:

Para Mowday, Steers e Porter (1979, apud Spector, 2002), o comprometimento organizacional forma-se pela aceitação dos objetivos da empresa, buscando-se alinhamento e identidade, disposição para trabalhar com dedicação pela organização e o desejo de nela permanecer. Veja-se que essa aceitação se traduz num ato voluntário, é uma adesão aos objetivos, advinda de uma avaliação feita entre os valores envolvidos, justamente o que ocorre quando implementado o contrato psicológico. Sendo o comprometimento a sua melhor tradução e mensuração.

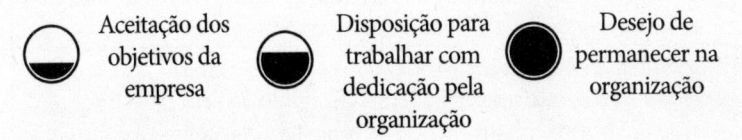

- Aceitação dos objetivos da empresa
- Disposição para trabalhar com dedicação pela organização
- Desejo de permanecer na organização

Interessante que tais autores, já em 1979, utilizavam-se de assertivas para se aferir ao comprometimento em moldes semelhantes aos que hoje as organizações utilizam para realizar pesquisa de engajamento, numa referência clara de busca de alinhamento de propósitos, desejos e crenças. Uma linha de afirmativas, conforme segue:

Eu acredito que os meus valores e os da organização são muito parecidos.
Tenho orgulho de dizer aos outros que sou parte desta organização.
Eu poderia estar trabalhando para outra organização desde que o tipo de trabalho fosse o mesmo.
Esta organização realmente me inspira para que eu tenha o melhor desempenho possível.

Dentre os elementos importantes presentes estão aquilo em que se acredita, a reputação, o pertencimento, a natureza da atividade, um ambiente e uma estrutura material favoráveis à necessidade de crescimento. Todos fatores-chaves da motivação interna, indicando uma correlação, a qual será aprofundada doravante. Muito importante ter em mente que há tanto uma distinção quanto uma correlação entre motivação e engajamento.

III - Tipos de comprometimento:

Segundo a abordagem de MEYER, ALLEN E SMITH (1993, apud SPECTOR, 2002), o comprometimento pode ser dividido em afetivo, contínuo e normativo:

Afetivo: ocorre quando o funcionário deseja permanecer na empresa por razões emocionais. Surge das condições de trabalho e das expectativas atingidas, a atividade forneceu as recompensas que o indivíduo aspirou.
Contínuo: está relacionado com a necessidade do indivíduo permanecer na empresa devido aos salários e benefícios não encontrados em outro emprego. Resulta dos benefícios obtidos pelo trabalho e a falta de alternativas de tarefas disponíveis.
Normativo: está relacionado aos valores do funcionário, quando ele acredita ser este ato a forma correta de conduta. Vem de valores pessoais e das obrigações que a pessoa julga ter para com seu emprego.

Diante dessas definições, resta claro que apenas o comprometimento afetivo tem a capacidade de gerar o vínculo emocional necessário para gerar o engajamento. O desejo é fator determinante, traduz manifestação de vontade. Interessante é a referência das condições de trabalho, revelando que o ambiente e a estrutura organizacional são indispensáveis para a manutenção do vínculo e as expectativas atendidas, elemento-chave à renovação do contrato psicológico. O gestor deve estar sempre atento a esse aspecto de mutabilidade do contrato psicológico e por isso esses elementos ganham dimensão e merecem atenção especial.

Quando uma empresa proporciona apenas motivação externa com base em recompensas financeiras e materiais, acarreta em comprometimento contínuo, que se descontinua na primeira oferta de benefícios mais atraente. Já o normativo, em que pese decorra dos valores pessoais, encontra limitador na obrigação que o funcionário sente com o emprego, afastando a adesão voluntária inerente ao engajamento. Importante como uma simples leitura dessas definições explica muitos dos cenários e comportamentos limitantes que se apresentam no dia a dia das organizações. Que tipo de comprometimento estimulamos? Eis a causa! Tudo passa pelo vínculo emocional que proporcionamos em nossas relações e ambientes de trabalho.

Em que pese não me alinhar perfeitamente à posição dos autores, em 1993, os mesmos criaram uma concepção de comprometimento organizacional a partir desses três componentes, na qual partem das seguintes assertivas:

Comprometimento afetivo Eu ficaria feliz em ficar pelo resto da minha carreira nesta organização. Eu realmente me sinto como se os problemas da organização fossem os meus próprios.

> **Comprometimento contínuo**
> Neste momento, permanecer nesta organização é uma questão de necessidade e vontade.
> Seria muito difícil deixar esta organização agora, mesmo que eu quisesse.
>
> **Comprometimento normativo**
> Eu não sinto nenhuma obrigação de permanecer com meu empregador atual.
> Mesmo que fosse vantajoso para mim, eu não acho que seria certo deixar a minha organização agora.

Dissecando os itens apresentados, verifica-se uma situação bastante complexa nos dias atuais na gestão das gerações, a partir da Y, que não conseguem permanecer por muito tempo numa organização. Isso levanta o seguinte questionamento: a crise atual de engajamento (existe sim uma crise, conforme se demonstrará doravante) não decorre da falta de clareza nos valores pessoais dos funcionários? Penso que sim, pois há uma supervalorização do perfil das novas gerações no que tange a sua capacidade de lidar com a evolução tecnológica e pouquíssimo discernimento no que se refere às relações humanas e ao seu propósito de vida. Até porque advém de uma cultura de imediatismo, o mundo a um toque na palma da mão, cuja referência é solidificada em relações virtuais, perdendo-se o senso de realidade e a percepção. Cada qual gira em torno do seu próprio universo.

Partindo desse prisma, impensável hoje, que haja comprometimento afetivo utilizando como referência "se a pessoa se sente feliz em ficar o resto da carreira na organização". Por sua vez, o segundo item, ao tratar de sentimento de que os problemas da organização são seus, traduz o vínculo emocional e o compromisso efetivo assumido. As assertivas de comprometimento contínuo apontam que permanecer é uma questão de necessidade e de vontade, e mesmo que quisesse seria difícil sair. A uma, não se pode cogitar que o permanecer seja um ato de necessidade e vontade, ou o é por necessidade ou o é por vontade, o que prejudica, a meu ver, a clareza na resposta. Pois ora você permanece por necessidade, mas sem vontade, e ora permanece por vontade, mas sem necessidade. A duas, a espontaneidade é elemento fundamental do engajamento para o fim a que se destina.

As afirmativas de comprometimento normativo focam a obrigação de permanecer, o senso de "dívida" para com a empresa, o que também nos afasta da adesão voluntária inerente ao ato de se engajar. Portanto, não se pode cogitar uma coexistência dos três tipos de comprometimento de forma saudável ao clima organizacional. Mesmo os indivíduos tendo perfis diferentes, ter na equipe pessoas vinculadas afetivamente, outras ligadas por recompensas e outras por obrigação, pressupõem estímulos e comportamentos dissonantes, o que explica, em boa parte, as dificuldades no atingimento de metas e na qualidade dos relacionamentos.

Minha posição é a de que estar comprometido, engajado, é um estado ativo único, sem variantes, não havendo espaço para pessoas meio comprometidas ou engajadas, tipo 1, 2 e 3, ativo ou passivo. Ou a pessoa está, ou não está comprometida/engajada.

IV - Origens do Comprometimento:

O comprometimento afetivo tem suas origens nas condições do trabalho e nas expectativas atingidas, conforme Spector (2002). Os benefícios e os empregos disponíveis seriam geradores do comprometimento contínuo. Os valores pessoais e as obrigações assumidas estariam atrelados ao comprometimento normativo.

Ouso discordar dessa posição parcialmente, pois os valores pessoais são determinantes para aderirmos a uma causa e criarmos um vínculo afetivo. O ambiente apoiador é fator de manutenção do comprometimento e não gerador, pois as pessoas aderem antes de conhecer as condições de trabalho. Já a remuneração é um motivador externo, e o comprometimento/engajamento decorre de fatores internos. Isso reforça não só a premissa equivocada de que fatores externos – eventos, isso sim, motivadores extrínsecos – que possam despertar engajamento, mas também de que a distinção do comprometimento em três categorias não encontra viabilidade e só distorce a concepção do engajamento.

Veja-se o quadro de Spector (2002):

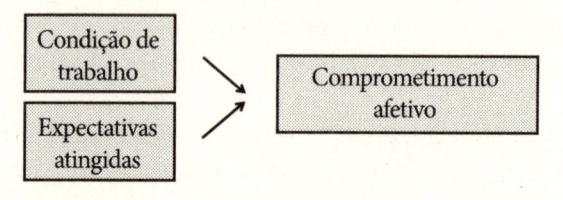

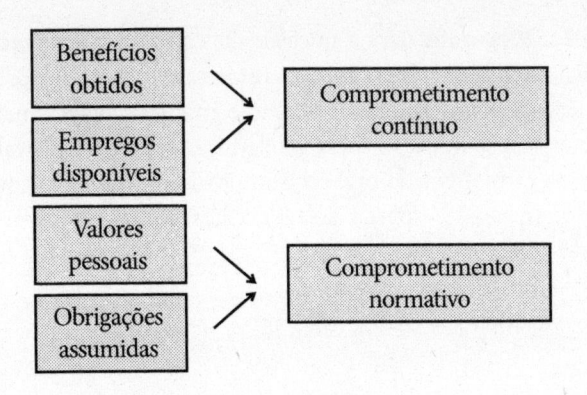

```
Benefícios
obtidos        ⟶  Comprometimento
Empregos           contínuo
disponíveis

Valores
pessoais       ⟶  Comprometimento
Obrigações         normativo
assumidas
```

V - Atitudes:

As atitudes são de grande relevância para o conceito tradicional de competência, baseado no CHA (conhecimentos, habilidades e atitudes) e tem forte impacto no dia a dia das organizações. Por isso a relevância de saber identificá-las. Para Davis e Newstrom (1998), há dois tipos de atitudes que demonstram o comprometimento dos funcionários:

- **Envolvimento no cargo:** o grau de envolvimento em que o funcionário se encontra imerso, investe seu tempo, habilidades e encara o trabalho como parte integrante de sua vida, acredita na ética do trabalho, possuindo elevada necessidade de crescimento e aprecia participar das tomadas de decisões, não há absenteísmo e o desempenho das tarefas é ótimo.

Aqui merece destaque a crença do indivíduo na ética do trabalho, daí a relevância da atividade, a necessidade de crescimento (ou autorrealização, posta no topo da pirâmide motivacional), senso de autonomia e de competência em busca da proficiência. Em outras palavras, uma forte estrutura motivacional intrínseca do indivíduo consolida o comprometimento.

- **Identificação com a organização:** o grau em que o funcionário se vê inserido na organização e deseja continuar participando de forma ativa, forte conexão que reflete o compromisso do indivíduo com a cultura, propósito e valores da empresa, resultando em sua lealdade, havendo baixas taxas de rotatividade e fácil assimilação das políticas da empresa por parte dos funcionários.

A identificação passa pelo alinhamento de valores e objetivos, senso de pertencimento e a lealdade decorrente do vínculo emocional gerado.

Mais uma vez, voltamos para a questão do contrato psicológico, onde ocorre a avaliação de coerência entre os valores. Isso reforça a necessidade de o processo de recrutamento e seleção tornar-se cada vez mais transparente, onde a comunicação sobre os elementos culturais, os valores, os propósitos e os objetivos da organização precisam ficar clarividentes ao candidato, de modo a despertar essa identificação, visando criar o compromisso desejado.

A SATISFAÇÃO NO *trabalho*

I - Conceitos:

Atualmente, a temática da satisfação dos funcionários, em sua grande maioria, está atrelada a indicadores de pesquisas de engajamento. Grosso modo, pesquisa-se para se chegar a um número satisfatório de "felicidade" e não para se diagnosticar o real cenário de comprometimento com a organização. Penso que as pessoas podem estar felizes e satisfeitas, com alta motivação externa e sem engajamento, o que coloca por terra a presunção de que a satisfação, isoladamente, seja um indicador fidedigno de engajamento. A satisfação no trabalho pode, isto sim, servir como um excelente parâmetro de alinhamento entre a organização e os funcionários no alcance das expectativas mútuas, como elemento essencial do contrato psicológico.

Davis e Newstrom (1998) apontam a satisfação como um conjunto de sentimentos favoráveis ou desfavoráveis com os quais os funcionários veem seu trabalho. Tais autores sustentam que a satisfação organizacional tem ligação com a vida da pessoa e que a insatisfação em qualquer uma das áreas trará consequências negativas à outra. Assim, competem às lideranças proceder no monitoramento dos meios de satisfazer de forma sistêmica os funcionários.

II - Elementos relacionados à satisfação pessoal:

Davis e Newstrom (1998) referem que a satisfação se dá na vida como um todo. O que se considera razoável, pois a felicidade pressupõe um apanhado de situações positivas, englobando, segundo os autores, o cargo exercido, a família, a política, a religião e o lazer. Elementos complementares (satisfações) que se interconectam para compor um todo (vida).

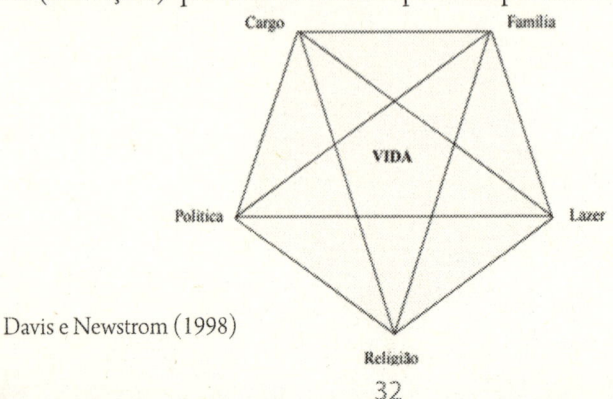

Davis e Newstrom (1998)

Entretanto, tenho essa ilustração como meramente exemplificativa, pois o elemento subjetivo tende a induzir a escalas de valores diversos na satisfação de cada pessoa.

Por isso, o gestor de pessoas ou o setor de recursos humanos, já no processo de recrutamento e seleção – subsistema do qual enfatizamos o seu aperfeiçoamento – deve construir uma base de dados clara quanto aos valores que sustentam o funcionário, de modo a adotar ações que atendam à compreensão de suas necessidades de realização. Aí sim, estar-se-á criando condições adequadas à satisfação.

III – Aspectos comuns:

A satisfação no trabalho, consoante Spector (2002), possui cunho pessoal e conecta-se diretamente ao sentimento em relação às características ambientais, salariais e naturais (ressalta-se, elementos atrelados à motivação externa). Ou seja, é o conjunto de atitudes que reflete o grau de contentamento de um indivíduo com o seu trabalho. O autor menciona quais seriam os aspectos comuns de satisfação no trabalho, como segue:

Salário	Supervisão	Natureza do trabalho
Oportunidades de promoção	Companheiros de trabalho	Comunicação
Benefícios	Condições de trabalho	Segurança

Spector (2002)

Ao analisar a concepção apresentada, vê-se que ela se refere a um conjunto de atitudes – comportamentos – diante de tais facetas. Ora, temos que o salário, as oportunidades de promoção e os benefícios são motivadores externos, refletidos na satisfação sobre o resultado. Contudo, sem tamanho impacto na qualidade de vida organizacional, dada a limitação em gerar determinadas atitudes, pela ausência de estímulo interno.

A supervisão (liderança), os companheiros de trabalho (relacionamento), as condições de trabalho (ambiente), a natureza do trabalho (valor da atividade em si e sua adequação de competência), a comunicação e a segurança, estes sim possuem relevância na manutenção do comprometimento e do contrato psicológico. Afinal, preenchem necessidades motivacionais presentes no sistema de autorregulação do indivíduo.

IV - Satisfação x Desempenho:

A questão do desempenho é preocupação primária dos gestores. Spector (2002) menciona uma corrente que defende que a satisfação leva ao melhor desempenho, enquanto outra indica que é o desempenho que gera a satisfação.

Satisfação ➡ Esforço ➡ Desempenho

Desempenho ➡ Recompensa ➡ Satisfação

Filio-me à corrente que aponta a satisfação como geradora de desempenho, uma vez que a pessoa estando feliz e com suas necessidades e expectativas de crescimento satisfeitas, por óbvio que despenderá esforços maiores, quiçá o prazer de fazer suplantará o esforço, em busca de melhores performances pela autorrealização.

Na via contrária, há uma cultura muito forte que dá ênfase nos níveis de desempenho em prol de recompensas que gerem satisfação. Isso só tem aplicação quando o grupo é movido, única e exclusivamente, por motivação externa vinculada a recompensas materiais. O que vai determinar a linha mais adequada será a cultura organizacional, embora essa última posição não atenda aos objetivos de comprometimento dos funcionários, em razão de sua dissociação com o vínculo emocional necessário. No primeiro caso, há o prazer de fazer; no segundo, o fazer por fazer, por uma simples relação de causa e efeito: faça isso, ganhe aquilo!

V - Fatores de satisfação:

Edwin Locke (apud Hollenbeck e Wagner III, 1999) aponta que para ocorrer a satisfação é necessário que os valores, ou seja, as exigências subjetivas impostas pelo indivíduo, levem a determinados comportamentos que diferem entre si quando comparados com as necessidades pessoais; a importância dos valores, compreendendo a sua relevância diante do contexto de sua realização; e a percepção, correspondendo a como as situações confrontam-se com os valores pessoais.

Aprecio reduzir as palavras em acrônimos e siglas, pois facilitam a memorização. Temos aqui, com as iniciais das três palavras mencionadas, a sigla VIP (valores, importância e percepção), útil para termos o ponto de referência dos fatores preponderantes à satisfação.

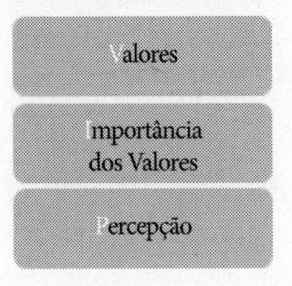

- Valores
- Importância dos Valores
- Percepção

Isso reitera o que mencionamos anteriormente sobre o quão relevante é para o setor de recursos humanos dar prioridade para os valores pessoais dos funcionários, seja para se ter o norte da motivação, seja para aferir adequadamente aquilo que efetivamente os satisfazem, seja para buscar a alinhamento com a cultura organizacional.

Merece relevo, ainda, uma reflexão sobre como as empresas almejam que uma pesquisa de satisfação possa indicar com precisão dados de engajamento diante de fatores que possuem alta carga de subjetividade, a partir de pesquisas que não têm alcance sobre tais elementos e fatores. Destaco, mais uma vez, a presença da percepção como elemento-chave, remetendo-nos, novamente, ao que dispõe o contrato psicológico.

VI - Qualidade de Vida nas Organizações:

Da procura por satisfação das pessoas decorre a preocupação com a qualidade de vida nas organizações. Bowditch e Buono (2000) apresentam uma das concepções tida como das mais abrangentes sobre as condições da qualidade de vida no trabalho, desenvolvida por Richard Walton, lastreada em oito dimensões:

Compensação justa e adequada;
Condições de trabalho seguras e salutares;
Oportunidade imediata de utilizar e desenvolver a capacidade humana;
Oportunidade à continuidade de desenvolvimento e crescimento;
Integração social na organização de trabalho;
Constitucionalismo na organização de trabalho;
Espaço do trabalho dentro da vida como um todo;
Relevância social da vida no trabalho;

Mais uma vez, verifico que a dimensão atrelada à compensação justa e adequada diz respeito a um fator de motivação externa, com restrições na percepção da qualidade de vida organizacional, uma vez que os seus benefícios se dão no foro pessoal. Já as condições de trabalho salutares e seguras referem-se a um indispensável ambiente apoiador.

A oportunidade de utilizar e desenvolver a capacidade humana vincula-se ao senso de competência, inerente à motivação interna. A continuidade de desenvolvimento está atrelada à autorrealização, na busca pelo crescimento. A integração social diz respeito às relações de afiliação e pertencimento, vinculada à necessidade de relacionamento. Até aqui, elementos relacionados a aspectos motivacionais externos e internos.

O Constitucionalismo está associado às garantias legais direcionadas a preservar a dignidade nas relações de trabalho. No Brasil, acabou distorcido pelo excesso de benefícios previstos em lei, dissociando-se da realidade dos pactos laborais, gerando um desequilíbrio entre direitos e deveres. O que engessa a eficiência e a produtividade necessárias nas organizações diante das exigências sindicais nas negociações coletivas, as quais são conduzidas sem margens lúcidas de flexibilidade, palavra essencial para viabilizar melhores condições diante do cenário atual. Fala-se muito em luta na mesa de negociação e pouco em construção.

O espaço do trabalho e relevância social atende a ideia de que a satisfação é una, o velho "unir o útil ao agradável". Em sua grande parte, as concepções apontadas estão atreladas às necessidades motivacionais. Resolvendo a questão inerente à motivação intrínseca estar-se-á assegurando, em boa parte, as condições de manutenção do engajamento e, por relação de causa e efeito, a qualidade de vida na organização e na vida pessoal como um todo.

O engajamento

I - Referencial histórico-legal:

Uma das referências nacionais mais antigas sobre a expressão engajamento remete às Forças Armadas. Todo soldado que presta o serviço militar obrigatório, após cumprir com seu tempo de serviço, pode optar por se "engajar", ou seja, aderir à Corporação Militar, de forma voluntária, pois cessou sua obrigação. Assim, prorroga voluntariamente o seu tempo de serviço militar, o que é facultado pelo art. 128 do Decreto no 57.654, de 20 de janeiro de 1966, que assim estabelece:

Art. 128 - Aos incorporados que concluírem o tempo de serviço a que estiverem obrigados poderá, <u>desde que o requeiram, ser concedida prorrogação desse tempo</u>, uma ou mais vezes, <u>como engajados</u> ou reengajados, segundo as conveniências da Força Armada interessada. (grifo nosso)

O engajamento tornou-se pauta relevante dentro do universo corporativo atual. Muitas empresas investem na mensuração do nível de engajamento de seus funcionários, mas os resultados estão longe de refletir a realidade.

Para atender aos objetivos corporativos não há como se aplicar o engajamento sem que seja através de sua verdadeira concepção de comprometimento. Visando uma melhor compreensão sobre o tema, importante discorrer sobre algumas definições a respeito.

II – Origem Etimológica:

A palavra engajamento tem origem etimológica do francês *engage*, significando: prestar compromisso, garantia.

A gramática o conceitua como: Ato de participar de modo voluntário (http://www.significados.com.br).

III – Definição:

No universo dos Recursos Humanos essa definição está atrelada ao comprometimento e alinhamento a partir de propósitos, valores e interesses em comum (BAKKER, ALBRECHT E LEITER, 2011). Por sua vez, a definição do marketing o conceitua como envolvimento, interação, relacionamento, ou seja, ser engajado é estar envolvido, ocupado e interessado em alguma coisa (HIGGINS, 2006).

De um lado, há o engajamento como comprometimento, cuja etimologia da palavra advém do latim *compromittere*, que quer dizer: garantir, jurar, fazer uma promessa. O que se revela perfeitamente coerente. De outro, há uma conotação de envolvimento (muito explorada por conta da influência do marketing dentro da área de gestão de pessoas), derivada etimologicamente da palavra latina *involvere*, no sentido de rodear, cercar, participar, relacionar-se.

Essa diferença é fundamental ao se conduzir as avaliações e as ações internas nas corporações, sob pena de fadar ao fracasso o planejamento estratégico da gestão de pessoas, por força de parâmetros ilusórios obtidos a partir de premissas equivocadas sobre o engajamento.

IV – O Engajamento no Trabalho:

O engajamento no trabalho, de acordo com seus precursores (BAKKER E DEMEROUTI, 2008), possui uma correlação direta com um estado mental composto de vigor, atrelado a um elevado nível energético e resiliência; dedicação, com profundo envolvimento no trabalho, forte sensação de significado, entusiasmo e desafio (ou seja, vínculo emocional); e absorção, com alto nível de concentração nas atividades.

| Vigor | Dedicação | Absorção |

Ao mencionar vigor, está-se trazendo à tona a disposição (entusiasmo) antes referida ao se falar em comprometimento. O significado permanece presente, vinculado ao alinhamento de valores, objetivos e propósito. Chama a atenção o item absorção, atrelado à concentração nas atividades, o que nos remete a motivação intrínseca por proficiência, a busca por fazer bem e melhor, com o prazer naquilo que se faz.

Adiante, BAKKER (2011) respalda o nosso entendimento ao mencionar que há também uma forte conexão física, cognitiva e emocional do funcionário com seu papel profissional.

V – O Vínculo Emocional:

Um dos fatores mais relevantes é a menção do vínculo emocional presente no conceito de engajamento, que o direciona para mais perto de uma interdependência com a motivação interna. Importante termos consciência que as emoções constituem o nosso sistema motivacional primário (IZARD, 1991). Assim, tire fora a emoção e você estará retirando a motivação (interna)! Somente eventos significativos da vida (ou seja, com significado interno) despertam a emoção (REEVE, 2005). Dessa maneira, o alinhamento de propósitos e valores inerentes ao comprometimento surge de um evento com significado em comum, com apelo emocional, gerando o vínculo engajador.

Resta evidente que o vínculo emocional é o fator determinante no alinhamento de valores que gera a adesão espontânea, a qual resulta em engajamento. Poder-se-á conseguir motivar uma pessoa sem engajá-la; contudo, jamais se conseguirá que um indivíduo se engaje, sem que haja uma motivação interna que acarrete na adesão espontânea.

Por isso, é preciso ter em mente – e reforçar – que a organização não tem o poder de engajar o funcionário, a não ser que busque apenas envolvê-lo numa interação. Todavia, a ela cabe criar as condições que possibilitem a manutenção do engajamento, já que estamos falando de um ato voluntário, de uma adesão.

VI – A Crença de Controle:

O engajamento traduz a intensidade e a qualidade emocional da entrega de uma pessoa numa ação, dada sua disposição de controlar os esforços e a previsibilidade de ocorrência do resultado, em nome de desafios possíveis, diz Skinner (1995). Assim, a crença de controle, uma das principais referências motivacionais de personalidade, influi diretamente na forma como a pessoa se dispõe a abraçar uma tarefa. Dessa forma, uma alta percepção de controle mantém o engajamento, produzindo emoções positivas que levam a um aumento de esforço, concentração, persistência, interesse, curiosidade e otimismo, num círculo virtuoso, conforme a representação:

```
┌─────────────────────────────────────┐
│     Alta percepção de controle      │
└─────────────────────────────────────┘
                   ▼
┌─────────────────────────────────────┐
│            Engajamento              │
└─────────────────────────────────────┘
                   ▼
┌─────────────────────────────────────┐
│              Emoção                 │
└─────────────────────────────────────┘
                   ▼
              Esforço
            Concentração
             Persistência
              Interesse
              Curiosidade
               Otimismo
```

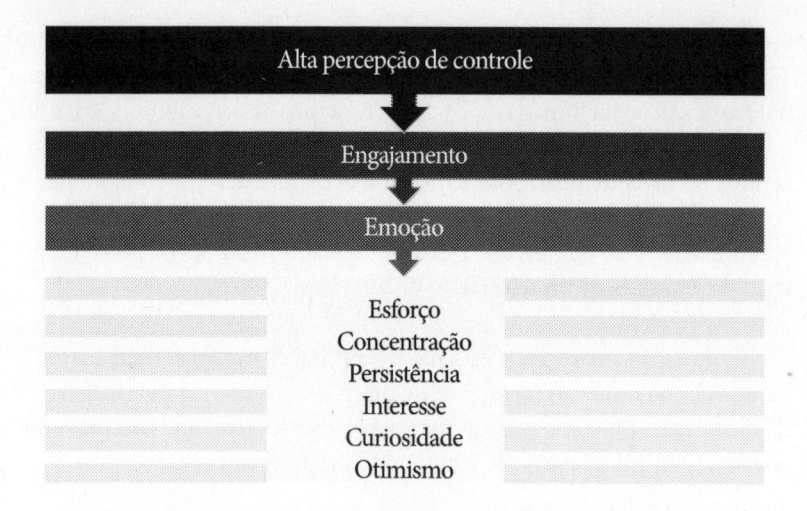

Voltaremos a aprofundar o tema da crença de controle pessoal no capítulo da motivação, sob a ótica da cognição e da personalidade, de modo a viabilizar uma excelente ferramenta de manutenção do engajamento, a partir da alta percepção de motivação interna.

VII – As Pesquisas:

A discrepância conceitual entre a concepção etimológica do engajamento (comprometimento) e a sua conotação de envolvimento se fez presente em duas recentes pesquisas abrangentes e relevantes sobre o assunto em nível mundial, uma do Gallup (2013) e a outra da Aon (2014), dada a reputação de seus elaboradores. Na primeira, verificou-se que apenas 13% dos funcionários em 142 países em todo o mundo estão engajados em seu trabalho. Destaca-se que o mais alto índice foi obtido no Panamá com 37%. A maior potência do mundo, EUA, ficou com 30%. O Brasil apareceu com 27%. Na China, com altos níveis de crescimento econômico, apontou-se 6%, e o menor índice obtido foi na Croácia com 3% (GALLUP, 2013). Nesse estudo, utilizou-se os seguintes elementos à aferição dos resultados:

- Senso de responsabilidade, participação na tomada de decisões, ambiente e estrutura de trabalho, relevância da atividade e pertencimento, atuação por competência, foco na qualidade, relações baseadas em afiliação, empatia dos colegas, *feedback* sobre desempenho e progressão, incentivo ao desenvolvimento e oportunidade de aprendizado.

Saliento que boa parte dessas referências está ligada à motivação interna! Participação na tomada de decisões relaciona-se à autonomia, atuação que desperte o senso de competência, relações de afiliação e empatia inseridos no nível de relacionamento, *feedback* sobre desempenho atrelado ao reconhecimento e incentivo ao desenvolvimento e oportunidade de aprendizado relacionados ao crescimento e autorrealização (presente no topo da pirâmide motivacional).

Quer dizer, a relevância está nas necessidades motivacionais do indivíduo! O que induz ao raciocínio de que a busca deve ser pela satisfação da motivação. Por uma relação de causa e efeito, ter-se-á, dessa maneira, criado as condições para que o indivíduo desperte seu engajamento.

No outro estudo, o índice de engajamento mundial chegou a 62%, em 2014 (AON, 2015). Uma diferença abissal de 49% entre ambos os levantamentos. Impressionante, diante do lapso temporal entre ambas as pesquisas, o que foi muito difícil de digerir. Em seu estudo, a Aon Hewitt define engajamento como sendo um estado psicológico e resultados comportamentais que levam a melhorias de desempenho e identifica como os principais condutores de engajamento, em nível global:

- Oportunidade de carreira, reputação, remuneração, proposta de valor ao empregado e inovação, falar positivamente sobre a organização a colegas, possíveis funcionários e clientes, permanecer com alto senso de pertencimento, desejo de fazer parte da organização empenhar-se, motivados e se esforçam na busca do sucesso no trabalho e na empresa. (AON, 2015.)

A dissonância entre essas pesquisas indica não só a uso de parâmetros distintos, mas também exemplifica como as avaliações sobre o engajamento são conduzidas focando a satisfação do funcionário. Justamente o tema maciçamente presente nos estudos antes apresentados sobre o comprometimento, indicando que tal premissa parece não ser o melhor balizador.

Percebe-se que o estudo da Aon Hewitt é norteado por elementos que estão atrelados a um misto de motivação extrínseca e intrínseca dos funcionários pesquisados, a exemplo: plano de carreira e remuneração, inovação (nem todas as empresas atuam com inovação, parâmetro muitíssimo questionado), nível de motivação (a pesquisa não é de engajamento?), nível de esforço (o qual pode decorrer de motivação interna ou externa, o que, no segundo caso, não se reflete no engajamento). Ou seja, sem mensurar adequadamente as conexões física, cognitiva e emocional do funcionário com seu papel profissional, necessárias ao engajamento do funcionário. Questiona-se, assim, considerando os parâmetros utilizados, a sua fidedignidade.

Tomando por base as pesquisas disponíveis, temos que se os dados do Gallup (2013) forem efetivamente confiáveis, o que salta aos olhos é que a média mundial de engajamento é de 13%. Vejam: 13 em cada 100 funcionários são engajados. Isso é reflexo de uma crise de identidade entre os funcionários e as organizações e, especialmente, de uma crise motivacional intrínseca diante do atual modelo de metas e ausência de informações e avaliações mais amplas e adequadas sobre o tema.

No entanto, alguns dados de pesquisas corporativas no Brasil, mencionados em congressos e seminários na área de gestão de pessoas, indicam índices elevadíssimos, superiores a 80% em seus levantamentos. O que há de diferente em relação às pesquisas antes apontadas? Há algum nicho de realidade distinto? Qual a razão de se enganarem desse jeito?

Lamento, mas a concepção de engajamento – com a conotação de envolvimento – está equivocada e os parâmetros de aferição, mais ainda. Bastam simples contraposições entre os números de turnover, as reclamatórias trabalhistas por assédio moral e as informações do site Love Mondays (www.lovemondays.com), cuja finalidade é colher comentários dos funcionários das empresas de forma sigilosa – partindo de parâmetros semelhantes – sobre remuneração e benefícios, oportunidades na carreira, cultura da empresa, qualidade de vida e nota sobre a sua satisfação, para se perceber que muitas organizações não estão no caminho certo e que suas pesquisas não reproduzem a verdade. Ou seja, há uma incoerência entre o que dizem e o que fazem! Justamente, o que coloca abaixo o contrato psicológico.

Isso está presente nos números e soa como uma mera busca pela satisfação própria da marca, com intuito de reforçar a reputação e não como instrumento de aferição da realidade dos funcionários perante à organização. A percepção que se tem é que o mais importante é a premiação ganha com os "resultados de 'boas' práticas" do que propriamente transformar a empresa num ambiente que verdadeiramente transforme a vida das pessoas.

VIII – O Momento:

Na análise feita na pesquisa realizada pelo Gallup, verificou-se que esta sugere – e bem – aumentar os níveis de engajamento com estratégias para contratar os funcionários certos (GALLUP, 2013). Após dissecar os dados e as referências utilizadas, entendo que a leitura deva ser: contratar funcionários engajados! Pois é justamente no processo de recrutamento e seleção – mais uma vez merece relevo – que se estabelece o vínculo de adesão voluntária presente no engajamento – até por força do estabelecimento do contrato psicológico mencionado inicialmente – considerando-se que a empresa quer que você trabalhe para ela e você precisa querer trabalhar para a empresa. Trata-se de uma via de mão dupla.

No CONARH/2015 (Congresso Nacional de Recursos Humanos da ABRH/Brasil), o presidente da operação da Disney no Brasil, Miguel Vives, em palestra, contou um pouco de sua trajetória. Narrou que, ao saber de uma oportunidade surgida na Disney, decidiu largar seu cargo de diretoria, numa posição privilegiada, ótima remuneração e benefícios, carreira em ascensão (ironicamente todos parâmetros "positivos" indicadores de engajamento nas pesquisas atuais) para trabalhar num cargo de menor expressão, salário e benefícios menores daqueles que percebia. Chegando em casa, resolveu contar a novidade para sua esposa. Ela, por sua vez, esbravejou: "Você só pode estar louco, vai largar seu emprego, seu cargo, seu salário e benefícios para trabalhar numa função inferior? Como fica a hipoteca da casa, o pagamento do carro, das despesas que possuímos?"

Ele sorriu e respondeu, com brilho nos olhos:

– Meu amor, você não está entendendo, eu vou trabalhar na Disney! Plim!!! Eis o poder do vínculo emocional!

Esse exemplo sepulta qualquer ideia de que remuneração, benefícios, estímulos externos e afins tenham o condão de estimular uma pessoa a se engajar, embora possa motivar extrinsecamente. Claro que se a pessoa não encontrar todo o encantamento e deslumbre – que já possuía – presentes dentro da cultura e ambiente organizacionais, por certo que haverá um desengajamento. Por isso, que os considero, isto sim, como fatores importantes de manutenção do engajamento.

Dessa forma, esse ato de contratar corretamente deve estar pautado na máxima troca de transparência e informações mútuas, indo muito além das competências técnicas e experiências para o cargo, focando-se na aferição das competências emocionais, motivacionais e nas referências de valores do candidato. Afinal, o engajamento é internamente despertado após uma ação dirigida do indivíduo em buscar simetria entre os seus valores, propósitos, desejos e crenças com os da empresa. É preciso quebrar o paradigma da vaga sigilosa, da falta de informações sobre remuneração e benefícios, processos seletivos longos que ao final o candidato pode se deparar com uma empresa com a qual não possui qualquer identidade. Isso é uma falta de respeito com os candidatos e uma perda de tempo e dinheiro para a organização.

Claro que não se fará uma divulgação em qualquer meio, mas quando um candidato comparece a uma entrevista preliminar, a primeira coisa a ser feita é expor todas essas informações por parte da organização e captação dos elementos acima mencionados do candidato, a fim de tornar o processo mais atraente, eficaz e objetivo para todos. A hora de colocar as cartas na mesa é no primeiro ato, de modo que a confiança recíproca propicie a projeção de um contrato psicológico apto a despertar o engajamento diante da identidade mútua encontrada. A busca pela reciprocidade, a via de mão dupla.

IX – Manutenção e Mensuração (QE21):

Superada a contratação, é preciso apresentar coerência entre tudo aquilo que foi mencionado no recrutamento e seleção sobre a cultura organizacional, proporcionando os meios necessários para a manutenção do engajamento. Isso se dá através de um ambiente e estrutura de trabalho apoiadores, comunicação transparente, atividades que estimulem o senso de competência, ações que permitam a autonomia e relacionamentos que gerem vínculo, numa cultura de solidariedade. É preciso honrar tudo aquilo que foi prometido e, reitere-se, satisfazer as necessidades motivacionais intrínsecas das pessoas.

Os gestores devem atentar para que as avaliações sobre engajamento não sejam utilizadas como ferramentas de aferição da "felicidade" do funcionário em seu ambiente de trabalho. O funcionário, repita-se, uma vez engajado, sempre terá em mente a busca pela coerência entre aquilo a que aderiu no recrutamento e seleção e a realidade da cultura organizacional, a fim de manter o vínculo emocional lastreado na confiança estabelecida. Esse deve ser o foco, já que dificilmente ações de caráter extrínseco terão o condão de (re)direcionar o nível de engajamento, diante da natureza de voluntariedade que lhe é inerente. Assim, da mesma forma como não se desperta em ninguém a motivação intrínseca, também não se engaja um indivíduo, já que se trata de um ato voluntário. O que pode ser feito, isto sim, é criar as condições adequadas para que seja despertado esse vínculo para a adesão à causa da organização. Depois é só primar pela coerência, palavra-chave, e zelar pela manutenção.

Com o comprometimento, os resultados e o desempenho serão consequências naturais do prazer de fazer bem feito, em nome de um propósito com o qual se tenha identidade. Nessa linha, a partir das pesquisas analisadas, das referências utilizadas e das bases doutrinárias mencionadas, buscou-se uma convergência que pudesse colher de forma mais precisa a concepção de engajamento.

Desse modo, desenvolvemos o questionário de engajamento com vinte e uma perguntas (QE21), como ferramenta-base, a fim de se realizar pesquisas mais sólidas sobre o tema, como segue:

QE21:
1 – Por que você trabalha na sua empresa?
2 – Qual é o propósito de sua empresa?
3 – Você se identifica com o propósito de sua empresa?
4 – Você possui vínculo emocional com sua empresa?
5 – A sua empresa é capaz de lhe permitir realizar aquilo que você deseja (o que você quer) da/na vida?
6 – Aquilo em que a empresa acredita é compatível com o que você acredita?
7 – Você vê coerência entre a cultura organizacional e os processos, os comportamentos, a comunicação e o clima da empresa?
8 – Você considera sua empresa transparente?
9 – Você aprecia a qualidade da comunicação em sua empresa?
10 – Você aprecia a cultura organizacional de sua empresa?
11 – Você encontra na liderança a pessoa que representa e reproduz a cultura organizacional da empresa?
12 – Você adere plenamente às atividades e ações da empresa?
13 – Você age com espontaneidade em suas atividades?
14 – Você sente prazer e orgulho no que faz e de onde trabalha?
15 – Você vê compatibilidade entre as suas atividades e suas competências?

16 – Você percebe que a estrutura e o ambiente de trabalho são compatíveis com as exigências das suas atividades?
17 – Você aprecia o desafio que o seu trabalho lhe proporciona?
18 – Você participa dos processos de decisão e possui autonomia para o exercício de sua função?
19 – Você encontra oportunidade de crescimento no seu trabalho?
20 – Você estabelece relações de confiança e lealdade em seu trabalho?
21 – Você se realiza no seu trabalho?

Sugiro que as respostas sejam justificadas, para que se tragam informações que levem a ajustes necessários dentro da realidade, de modo a melhorar o sistema organizacional. Respostas positivas acima de 80% das perguntas (16) servem como parâmetro para se estabelecer se o respondente é ou não engajado, já que consideramos que não há níveis de maior ou menor engajamento. Ou a pessoa está ou não está engajada! É um engodo sugerir que há pessoas ativa ou passivamente engajadas, sendo uma classificação por demais equivocada. Não existe meio compromisso, meio comprometimento.

A pergunta derradeira sobre realização busca apenas convalidar e buscar uma correlação com o que fora respondido, visando sopesar com aquilo que eventualmente esteja em desconformidade nas respostas dadas e com os elementos inerentes à sua motivação interna, a qual encontra seu ápice na autorrealização. Além disso, almeja-se verificar o quanto esses itens afetaram ou não a percepção do indivíduo em sua resposta final e sua relação de causa e efeito.

X - Natureza Afetiva do Engajamento:

Quando falamos sobre comprometimento, lá estava a sua concepção de natureza afetiva. Entre a referência doutrinária sobre o comprometimento e a abordagem sobre o engajamento encontra-se o elemento comum entre ambos, já que se trata, podemos assim dizer, da mesma coisa. Essa natureza afetiva do processo de identificação do indivíduo com os objetivos e valores da organização é caracterizada pelas dimensões trazidas por MOWDAY, PORTER E STEERS (1982):

Forte crença e aceitação dos valores e objetivos da organização
Desejo de exercer considerável esforço em favor da organização
Forte inclinação a manter-se vinculado à organização

Agora, compare-as, abaixo, com as referências sobre comprometimento, apresentadas pelos mesmos autores (1979) e veja a similitude entre os elementos presentes entre ambas, com sutis diferenças entre as palavras utilizadas:

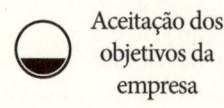

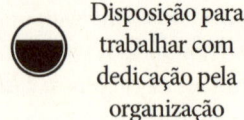

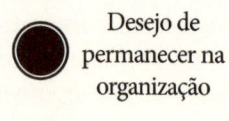

- Aceitação dos objetivos da empresa
- Disposição para trabalhar com dedicação pela organização
- Desejo de permanecer na organização

Isso consolida minha posição de que o engajamento deve ser gerido, dentro da seara corporativa, sempre atrelado ao comprometimento, sob pena de não atingir seus objetivos. Ou seja, tudo o que atualmente define o engajamento já foi escrito quando se abordou o comprometimento. Portanto, não há como se estimular ações com cunho de engajamento visando uma simples interação, pois qualquer conotação desvirtua sua finalidade.

Até então, viu-se uma busca pelo comprometimento (engajamento) a partir de uma equivocada premissa de que uma política de retenção, como agente motivador externo, pudesse despertá-lo, ignorando o elemento subjetivo (motivação interna) da aderência e da espontaneidade. Como se vê, o comprometimento está presente na essência do engajamento, cujo despertamento, aceitação e internalização se inicia já na contratação, por força da adesão do indivíduo. Reforce-se, a empresa não engaja um funcionário, ela apenas pode adotar medidas que perpetuem essa adesão voluntária a partir de um ambiente, cultura organizacional, comunicação interna e liderança coerentes com essa identidade de crenças, desejos e propósitos.

A melhor forma de fazer isso é estimulando ações que despertem a solidariedade, traço inerente à natureza humana. Veja quando ocorre uma catástrofe, uma tragédia, algo impactante, imediatamente as pessoas se mobilizam para auxiliar ao próximo, sem medir esforços, de forma contagiante, numa rede que se dissemina rapidamente. Agora, experimente gerar a cooperação no seu ambiente de trabalho, isso irá se traduzir em empatia, que proporciona e reforça os laços de confiança, indispensável para uma convivência construtiva. Essa colaboração eleva as pessoas ao nível do altruísmo. Cria-se um círculo virtuoso do bem, solidificando as relações.

Estamos falando em uma das iniciativas mais eficientes e sem custo algum para as empresas e com excelentes benefícios, ao simplesmente proporcionar experiências como a acima descrita. Por exemplo: se cada setor de uma empresa se dispuser a conhecer as atividades e processos dos demais setores, para constatar o quanto e como impactam no seu dia a dia, bem como suas ações refletem no cotidiano dos outros setores, sentindo o que o colega sente, vendo sua atividade sob o ponto de vista de quem a executa, ouvindo sobre a realidade que permeia aquele ambiente, por certo a compreensão aumentaria e os vínculos seriam reforçados. Apenas uma mudança de foco para reforçar a percepção. As iniciativas serão espontâneas, o engajamento irá fluir naturalmente. Experimente!

XI - Retenção x Engajamento

Dentro das estratégias utilizadas na gestão de pessoas, a política de retenção de talentos possui um espaço de relevo. De igual sorte, o engajamento passou a integrar o foco dos gestores de recursos humanos. Entretanto, há uma gritante dicotomia entre a retenção e o engajamento, que parte de uma premissa etimológica. Partindo-se dos conceitos, com lastro em suas respectivas etimologias, temos:

- **Retenção**, do latim *retinere*, significando prender, guardar, ou seja, ato de reter, conservação de algo em seu poder, reserva, posse (http://origemdapalavra.com.br);

- **Engajamento**, vem do francês *engaje*, que quer dizer prestar compromisso, garantia, comprometimento (origem do latim *compromittere*: garantir, jurar, fazer uma promessa) sendo definido como o ato de participar de modo voluntário (http://significados.com.br).

Fica claro, pois, que o primeiro enseja "forçar" uma ação externa sobre o objeto, enquanto o segundo trata de uma adesão voluntária. Por essas concepções, retenção e engajamento apresentam-se como diametralmente opostos. Os números apresentados, no capítulo anterior, das pesquisas em nível mundial, deixam claro que há um equívoco na forma de tratar a questão do engajamento e a política de retenção é um deles, diante do conflito apontado.

Para a doutrina, a retenção é tida como um ajuste equilibrado que considere os interesses do indivíduo e da organização, exigindo comprometimento para conectar as pessoas à empresa e preservar o interesse delas em investir seu capital humano sem restrições (DAVENPORT, 2001).

Reter é um esforço despendido na tentativa de manter os talentos satisfeitos e comprometidos com os resultados da organização em que trabalham e que gere motivação para não deixá-la, segundo MENDONÇA (2002). Para CHIAVENATO (2003), o nível de salários é o elemento essencial tanto na posição competitiva da organização no mercado de trabalho, quanto nas relações da organização com seus próprios empregados.

Vemos que o conceito de retenção tem em seu bojo "exigir" comprometimento, enquanto esse se traduz num ato voluntário, espontâneo. Equívoco gritante está em condicionar o nível de salários como vantagem competitiva com intuito de engajar, já que, como dito nas ações de comprometimento, trata-se de uma motivação externa que não tem o condão de gerar o vínculo emocional, tampouco a espontaneidade, já que é um toma lá, dá cá, faça isso e receba aquilo. Na prática, é notório que as empresas costumam adotar medidas para seduzir o funcionário quando esse vínculo já foi rompido e o comprometimento perdeu a espontaneidade. Em todas as posições trazidas, o objetivo da retenção visa forjar um compromisso do funcionário, o que não acarreta na geração de vínculo.

Portanto, a política de retenção é inócua e só expõe a organização ao risco da quebra da segurança e do sigilo da informação, do segredo industrial, da informação privilegiada ao concorrente, quando não puder mais "reter" o talento. A partir do momento em que um funcionário cogitou ir para um concorrente ele já está "desconectado" da organização, o vínculo está desfeito e a confiança também. Caso mude de ideia e permaneça, o fará tão somente pela motivação externa pecuniária, numa contagem regressiva até que outro fato gerador o faça projetar uma nova saída. O engajamento há muito já não existe mais, perdeu-se o elemento subjetivo da espontaneidade.

Isso se explica porque o engajamento é o próprio comprometimento em si. Enquanto a retenção faz um esforço numa exigência de um compromisso, o engajamento o traz no seu bojo, de forma espontânea, pois nele existe, como já dito, uma forte conexão física, cognitiva e emocional do funcionário com seu papel profissional.

O comprometimento que tem o poder de fazer com que o indivíduo se identifique com a organização, tenha orgulho, pertencimento, defenda os seus valores e engaje-se no alcance dos objetivos como se fossem próprios, é o afetivo, de caráter emocional, como dito alhures.

Em suma, a retenção não se coaduna com a natureza afetiva do engajamento. Nesse prisma, urge que as políticas de retenção de talentos sejam revistas para políticas de conexão, que deem relevância às experiências que consolidem o vínculo emocional, a espontaneidade, a identidade e a adesão, elementos que constituem – e são indispensáveis – à perpetuação do engajamento/comprometimento. Qualquer ação fora disso se revela em desperdício de tempo e dinheiro.

A motivação

I – Etimologia

Por conta de minha graduação em Ciências Jurídicas e Sociais, a qual antecedeu meu MBA em Gestão de Pessoas, desenvolvi o hábito de buscar sempre a origem das palavras que tinham impacto em minha atividade profissional. Como nesse mundo a comunicação passou a ter diversas conotações e interpretações, nada melhor que se socorrer da etimologia para não perder o prumo dos significados.

Então, utilizo como ponto de partida para se chegar à verdadeira concepção da motivação a sua origem etimológica. Visando ter uma plena compreensão, precisamos traçar um parâmetro com a etimologia da emoção, onde constataremos que ambas estão umbilicalmente ligadas, como gêmeas siamesas, conforme o Dicionário Aulete Digital:

- **Motivação** vem do latim *movere*, que significa movimento;

- **Emoção** vem do latim *emovere*, cujo prefixo "e" quer dizer para fora, significando, movimento para fora.

Ou seja, a partir da etimologia podemos concluir que não há motivação sem emoção.

O estudo da motivação passa diretamente pela compreensão das emoções, no qual a gestão motivacional está associada à qualidade da gestão emocional do indivíduo. Por isso, nossa linha de abordagem enfatiza essa correlação, com forte respaldo nas neurociências.

As emoções surgem em resposta a eventos significativos da vida, organizando os seus componentes em sentimento, ativação, propósito e expressão, numa linha de reação coerente, de modo a nos preparar para que nos adaptemos com êxito às circunstâncias da vida, conforme Reeve (2005). Ou seja, o chamado de um movimento para fora! A maioria dos neurocientistas pesquisados está de acordo com o entendimento de que a emoção funciona como uma espécie de motivo. Alguns vão mais longe, argumentando que as emoções constituem o nosso sistema motivacional primário (Tomkins, 1984; Izard, 1991). Dentre todas as abordagens estudadas, essa é a corrente a qual me filio. O que nos induz à conclusão: ao tirarmos fora a emoção, estamos retirando a motivação.

Merece relevo a posição de Reeve (2005) ao mencionar que as emoções positivas refletem o êxito de nossa adaptação a circunstâncias que enfrentamos, enquanto as emoções negativas refletem o fracasso da nossa adaptação. Em outras palavras, temos que as emoções são nossos balizadores de adaptação, servindo como um chamado de ajuste, como se verá com mais detalhes, doravante, no capítulo dedicado à Gestão Emocional.

Importante que tenhamos consolidado que a essência da análise motivacional do comportamento está lastreada na teoria que utilizamos. Atualmente, está melhor representada no estudo dos processos mentais, vinculados aos planos, às metas e às estratégicas que utilizamos. O estudo da motivação diz respeito aos processos que fornecem ao comportamento sua energia e direção, como indica Reeve (2005). A energia implica que o comportamento é dotado de força. A direção quer dizer que o comportamento tem um propósito.

Diante disso, penso que sempre que falamos em propósito precisamos correlacioná-lo ao motivo que impulsionará o nosso comportamento em prol de sua realização. O que eleva a importância de se bem conduzir a motivação. Nessa linha, temos que os processos que energizam e direcionam o comportamento decorrem das forças do indivíduo, dos motivos que advém de suas referências internas – de suas necessidades, cognições, crenças, valores e emoções – e dos eventos externos, a exemplo dos incentivos ambientais. Por sua vez, é através da criação de um hábito positivo que se dará um poderoso condicionamento ao comportamento, direcionando-o.

II – Definições:

Adotando a definição de Reeve (2005), temos que: **Motivação** é o processo que dá ao comportamento sua energia e direção.

Emoção é um fenômeno subjetivo, fisiológico, funcional, expressivo e de vida curta, que orquestra a maneira como percebemos e reagimos adequadamente aos eventos importantes de nossa vida.

Motivação	
Energia	Direção
↓	↓
Força	Propósito

Isso nos remete à abordagem feita sobre engajamento, a qual salienta a disposição, o entusiasmo, a vontade de agir em prol de algo, em decorrência do vínculo emocional havido. Para que eu consiga agir dessa forma, eu preciso de energia e força, eu necessito de direção que me leve ao propósito, ao fim pretendido. E isso, eu só vou encontrar através da motivação interna, que está diretamente associada à emoção, demonstrando-nos que é justamente o elemento emocional que conecta engajamento e motivação.

III - Princípio da Realidade:

Cumpre ressaltar que a motivação é indissociável do contexto social do indivíduo, conforme leciona Reeve (2005). Nessa linha, criamos o preceito de que toda e qualquer ação motivacional deve atender ao princípio da realidade ou do realismo motivacional. Justamente através dessa percepção sobre a realidade poder-se-á atender as demandas dos envolvidos, a partir de uma análise criteriosa do ambiente, do cenário, da situação, da cultura, das características e das peculiaridades conjunturais, e da equipe para obter clareza do que efetivamente é preciso ser feito. Isso deve ser o dever número um de uma liderança no que tange ao sucesso das ações motivacionais. Afinal, atividades incompatíveis, metas fora da realidade, estímulos inadequados podem colocar tudo a perder, com custos financeiros e emocionais decorrentes de um mau direcionamento. Energia posta fora, resultados aquém dos pretendidos.

Por isso, ações motivacionais bem-sucedidas numa filial X da empresa, sediada na cidade Y, com forte presença étnica Z, não terão efeito prático em outra filial com uma realidade diferente. Daí a forte crítica a palestras enlatadas, recheadas de humor e entretenimento, mas vazias de informações que empoderem as pessoas a se motivarem. Portanto, crie situações favoráveis às pessoas dentro da realidade do seu ambiente, lembrando que nem sempre temos consciência de nossa base motivacional. O acesso a essas informações, a criação de um banco de dados sobre essas referências, facilitam a tomada de decisão do gestor quanto ao norte a ser seguido.

IV - Motivações Interna e Externa

Motivação Interna:

A motivação interna diz respeito à propensão inata do indivíduo se comprometer em seus próprios interesses e exercitar suas próprias capacidades, buscando e dominando desafios em nível ótimo, consoante Deci & Ryan (1985). O que salta aos olhos nessa concepção é que temos uma motivação interna que gera compromisso com os interesses próprios, ao passo que o engajamento se traduz numa disposição de se assumir um compromisso com interesses externos que passam a fazer parte do seu rol pessoal de desejos.

Essa motivação intrínseca surge espontaneamente com o intuito de se obter crescimento, fazendo com que as pessoas ajam, ativamente, somente pelo prazer de fazer, nos dizeres de Reeve (2005). Temos, então, uma busca pela sensação de competência e autodeterminação do indivíduo na execução de uma atividade, capaz de incutir o prazo naquilo que se faz: Isso me interessa! Isso me diverte! Gosto de fazer isso!

Assim, aderindo a essa linha, a motivação intrínseca fica atrelada à percepção da pessoa em relação ao seu senso de: competência, autonomia e relacionamento. Ou seja, à satisfação de suas necessidades psicológicas. É o foco no agir pelo prazer da atividade, promovendo: persistência, criatividade, interesse, diversão, satisfação, desafio e bem-estar. Características presentes, como vimos, na essência de uma pessoa engajada.

Quando se age imbuído de uma motivação interna fazemos porque queremos e desejamos, já que há uma série de nexos de causalidades em que o comportamento é autodeterminado. Sendo que a percepção de nosso senso de competência induz à autorrealização, enquanto a autonomia estimula um agir ativo e proativo. Como segue:

Comportamento	Autodeterminação
Competência	Autorrealização
Autonomia	Agir ativo

Motivação Externa:

A motivação externa, na mesma linha de Reeve (2005), provém das consequências e dos incentivos ambientais. Surge da "relação de causa e efeito" da atividade em si, ou seja, faço isso e acontecerá aquilo. Quer dizer, trata-se de uma motivação voltada para "o conseguir". Sendo o "isso" o comportamento desejado e "aquilo" o incentivo extrínseco.

O objetivo potencial da utilização da motivação extrínseca é o desejo de moldar, de controlar o comportamento da pessoa. Em que pese também sirva para informar sobre a competência na tarefa realizada, através das recompensas, é dirigida a pessoas passivas, ante a limitação de autonomia. Deci & Ryan (1985) apontam que pela teoria da avaliação cognitiva, o aspecto controlador da motivação extrínseca afeta a percepção da necessidade de autonomia e o elemento informativo atinge a percepção da necessidade de competência.

Dessa maneira, temos comportamentos voltados a viabilizar o controle do gestor. A competência passa a se traduzir em mera informação de sucesso ou fracasso, enquanto a ausência de autonomia nos induz a um agir passivo e obediente. Como ilustra:

Comportamento	Controle
Competência	Informação
Ausência de autonomia	Passividade

O que se percebe é a falta de conhecimento dos líderes em relação a como distinguir e proceder no estímulo da motivação interna e no uso da motivação externa, uma vez que o paradigma utilizado não possui base comportamental, mas unicamente econômico-financeira. Ou você terá marionetes controladas ou terá pessoas dispostas a fazerem a diferença. O que trará mais benefícios? Não há regra específica para saber se o estímulo interno ou externo despertará a emoção adequada para um determinado objetivo. É a pessoa que vai indicar sua referência, e isso exigirá percepção dos líderes.

V - Recompensas:

Nossa cultura é voltada à motivação extrínseca, razão pela qual as recompensas possuem grande ênfase nas políticas de recursos humanos. Contudo, o foco na recompensa gera o que se chama de "custo oculto da recompensa", segundo Lepper & Greene (1978), promovendo o enfraquecimento da motivação intrínseca do indivíduo e fazendo com que se perca o senso de autonomia ao optar por realizar a tarefa vinculada. As recompensas, quando são prometidas, esperadas, enfraquecem a motivação intrínseca, ao passo que as inesperadas a preservam, aduz Pallak et al. (1982).

Da mesma forma, as recompensas tangíveis (dinheiro, prêmios e afins) também diminuem a motivação intrínseca, já as intangíveis (simbólicas, elogios e reconhecimento) as reforçam. A bem da verdade há que se ter um equilíbrio entre ambas, pois não há como se viver apenas de motivação externa em prol de nossas aspirações materiais ou de motivações internas em busca de nossa autorrealização. Combiná-las revela-se uma estratégia inteligente, em virtude do alcance de estímulos diferentes.

Uma maneira de tornar a motivação extrínseca aderente é fazer com o que indivíduo seja provocado a chamar para si a autonomia de decisão. Estimular que ele encontre uma razão pela qual fará tal tarefa, a fim de despertar para sua relevância. Além de provocá-lo em relação a como ele encara o desafio, é preciso que ele esteja dentro da sua capacidade de realização, de modo a que possa convalidar o seu senso de competência. Por isso, é preciso fazer com que as necessidades psicológicas possam ser atendidas através da recompensa associada à tarefa, caso contrário os resultados não serão os esperados, ante a limitação do estímulo, diante dessa relação de causa e feito.

VI - Neuroquímica:

Dentre as descobertas neurocientíficas, constatou-se que possuímos mais de vinte sentidos, superando os tradicionais cinco sentidos. Não convém adentrar na descrição de todos eles, uma vez que o objetivo aqui é demonstrar a nossa evolução, que deve se refletir nas motivações básicas que influem em nosso comportamento. Outra constatação é de que 100% do nosso cérebro é utilizado, sepultando a falácia de um renomado autor, do início do século XX – ainda muito influente na área da persuasão – de que utilizávamos apenas 10% de nossa capacidade cerebral. Ou seja, muito de nossas reações decorrem de processos neuroquímicos, cujos hormônios se encarregam de afetar diretamente nosso comportamento.

Quer motivar ou desmotivar alguém? Estimule a produção dos hormônios adequados. Para Reeve (2005), o cérebro é o centro da motivação e da emoção, encarregando-se de cuidar da execução das tarefas, da vontade e do modo de sentir. Para ilustrar, veja o que cada hormônio citado abaixo é capaz de despertar, influindo diretamente em nosso comportamento e no estado fisiológico, numa espécie de neuromotivação hormonal:

» **Adrenalina:** Estresse (pressão, inibe a criatividade e a cognição)
» **Dopamina:** Bem-estar (Recompensas inesperadas facilitam sua liberação, ativando respostas de aproximação à meta)
» **Endorfina:** Inibe a dor (gera prazer, ativa concentração, criatividade)
» **Grilina:** Fome (nível de energia)
» **Norepinefrina:** Alerta (atenção)
» **Oxitocina:** Confiança (elevação)
» **Serotonina:** Humor (Deficiência gera vulnerabilidade)

A dopamina merece grande relevo quando se fala de motivação, uma vez que está associada ao sistema de recompensas. Pesquisas realizadas apontaram que a ocorrência de recompensas imprevistas e inesperadas geram a liberação de níveis mais elevados de dopamina, proporcionando sensações positivas. Tal constatação sinaliza-nos sobre quais são os eventos compensadores, ativando respostas voluntárias de aproximação para uma meta. Precisamos, então, proporcionar experiências que nos façam liberar dopamina quando em busca de um objetivo.

Isso significa que nada adiantará adotar ações que possam ir de encontro ao nosso sistema hormonal. Há que se ter a mínima sensibilidade de que não é possível lutar contra a fome, pois a grelina lá estará presente. Muito menos estar diante de situações e ambientes estressantes, cujas pressões não irão contribuir com o desempenho, antes, pelo contrário, por conta da adrenalina liberada. As condições de trabalho precisam ser favoráveis à liberação de hormônios "positivos".

Portanto, refine o ambiente para obter melhorias consideráveis nos comportamentos pretendidos. Se alguém ainda duvida do efeito hormonal em nossa motivação, experimente um estímulo inadequado diante de uma mulher do seu círculo de relações que esteja em período de TPM (tensão pré-menstrual). Esteja preparado!

VII – A Autoestima:

Muitas obras abordam a autoestima como uma ferramenta capaz de elevar o nível motivacional das pessoas. Entretanto, diversas pesquisas neurocientíficas foram conduzidas no que tange à autoestima, apontando justamente o contrário. Há uma corrente – com a qual me alinho – que defende que se trata de um efeito, uma expressão da motivação e não uma causa, um fator gerador. Nessa linha, o aumento da realização produz um consequente aumento da autoestima.

Reeve (2005) refere que a melhor conclusão é a de que a autoestima é como a felicidade, existindo como um produto final das aspirações pessoais. A autoestima pode ser considerada como um termômetro do bem-estar. Na análise de Seligman apud Azar (1994), não há referências que indiquem que a autoestima seja um fato gerador, uma causa, pois ela traduz a soma dos nossos êxitos e insucessos. Já Helmke & Van Aken (1995) atestam que a autoestima é o efeito de uma realização bem-sucedida ou malsucedida, sem reflexo nos eventos subsequentes.

Para Baumeister et al. (2003), a autoestima não é uma fonte de motivação, pois traduz o momento da pessoa, não servindo como base motivacional para induzi-la ao sucesso. Como se vê, é de grande valia a posição doutrinária trazida, ao consolidar que a autoestima se traduz num reflexo pós-eventos positivos ou negativos. Assim, utilizar a autoestima como fator de motivação revela-se um equívoco, uma inversão da ordem natural dos eventos internos. Ter a autoestima como ponto de partida da motivação é estimular o efeito e não a causa.

NECESSIDADES
motivacionais

As principais necessidades básicas são as fisiológicas, as psicológicas e as sociais. Reeve (2005) menciona que as necessidades criam o estado motivacional para evitar um dano ou para propiciar bem-estar, gerando energia. No que tange às necessidades fisiológicas, merece destaque que sua autorregulação é, via de regra, uma competição entre as forças biológicas e os controles cognitivos. Assim, realizá-la a partir de uma via de controle mental requer um esforço diligente, sendo, portanto, uma estratégia vulnerável e não muito confiável, sentencia Reeve.

O autor retrata que há uma propriedade motivacional a partir das necessidades, num processo em que a necessidade gera um impulso psicológico, que por sua vez direciona nosso comportamento rumo a uma meta que a atenda a contento, conforme ilustra o esquema que segue:

Propriedade Motivacional

Necessidade ➡ Impulso Psicológico ➡ Comportamento ➡ Meta

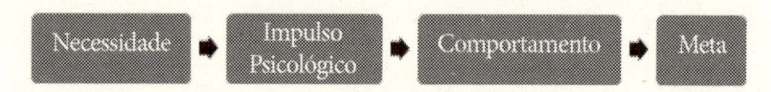

I - Necessidades Psicológicas:

As necessidades psicológicas existem na natureza humana e são inerentes a todas as pessoas, aponta Reeve (2005). Tais necessidades causam uma disposição de exploração e de envolvimento com um ambiente que, conforme esperamos, seja capaz de satisfazê-las (o que justifica a expectativa gerada quando da adesão ao contrato psicológico). As que merecem relevo são a competência, a autonomia e o relacionamento.

- **Competência:**

A competência é uma necessidade psicológica que proporciona uma fonte de motivação com o poder de fazer com que as pessoas busquem algo e se esforcem para conseguir o que for necessário para dominar os desafios em um nível ótimo, conforme Reeve (2005). O desafio tido como ótimo é aquele no qual o indivíduo percebe que a atividade é compatível com sua competência, dando-lhe a sensação de segurança e eficácia, gerando concentração, compromisso (engajamento) e satisfação. Caso o desafio esteja abaixo de suas competências, isso acarretará tédio, desânimo, visto que a pessoa se sente subvalorizada em seu potencial.

Por sua vez, se o desafio for muito superior à sua capacidade de execução, isso resulta em aflição, ansiedade e o indivíduo sente-se incompetente. Quer dizer, precisamos ter a percepção de nosso senso de competência em nível ótimo, de modo a nos propiciar o prazer na execução da tarefa, na busca pelo objetivo.

Dessa feita, devemos estimular o senso de competência através de desafios e estruturas compatíveis a indicar níveis ótimos, almejando a ocorrência de ajuste entre o nível pessoal de habilidade e o nível de dificuldade da tarefa. Isso precisa ser ancorado em *feedbacks* positivos inerentes ao próprio desempenho da tarefa e à pessoa em si, para satisfazer essa percepção de competência. Além disso, deve-se fortalecer uma cultura lastreada na tolerância ao fracasso e aos erros, que fazem parte do sucesso, sendo um dos balizadores do processo de evolução e progressão. Ou seja, criar uma tolerância de desempenho, na qual erros são admitidos (sucesso x fracasso), a partir de uma estrutura de comunicação clara e objetiva, com apoio e orientação.

Segue o quadro de percepção de competência:

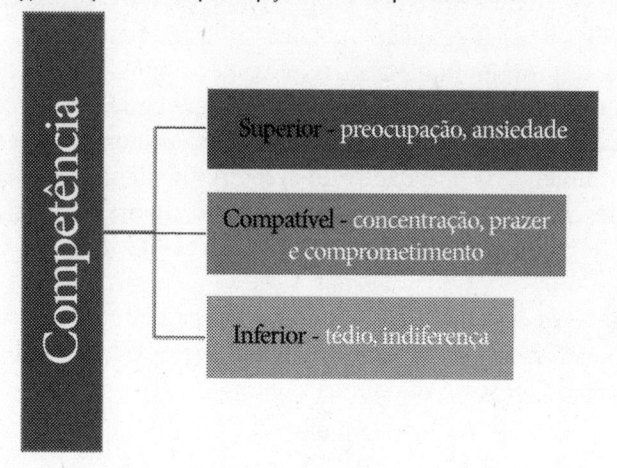

Competência	
	Superior - preocupação, ansiedade
	Compatível - concentração, prazer e comprometimento
	Inferior - tédio, indiferença

- **Autonomia:**

Muitas lideranças são relutantes em conceder autonomia a suas equipes, com o temor de que não consigam atender a contento as demandas. Agindo dessa forma, está-se colocando fora uma grande oportunidade de motivação interna do grupo, o que resultaria em melhoria nos resultados. O comportamento pode ser considerado autônomo, nas palavras de Reeve (2005), quando nossas vontades, interesses e preferências orientam, a partir de nossos valores pessoais, nosso processo de tomada de decisões.

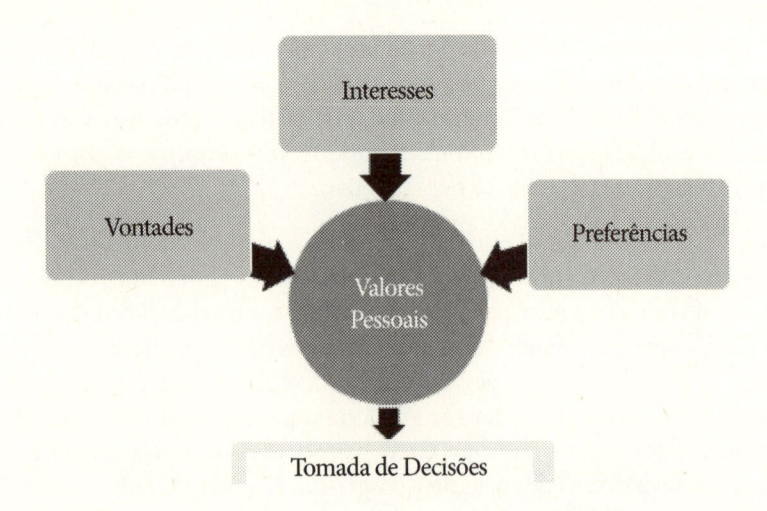

```
        Interesses
           ↓
Vontades → Valores → Preferências
           Pessoais
           ↓
    Tomada de Decisões
```

Desse modo, o melhor estímulo está em incentivar as pessoas a determinarem – ou terem a sensação de autodeterminação – suas próprias metas, a orientarem o seu próprio comportamento, a gerarem seus próprios meios de resolver problemas e, basicamente, irem ao encontro de seus próprios interesses e valores. Nessa linha, Reeve (2005) menciona que quando o contexto social – o que podemos ler como contexto corporativo – apoia a necessidade de autonomia da pessoa, ocorre um aumento da qualidade e do desempenho de suas atividades. O que acaba catalisando nas pessoas a motivação interna, a curiosidade e o desejo de desafio, na ótica de Ryan & Grolnick (1986).

Assim, essa necessidade de autonomia e de autodeterminação da pessoa, apoiados em fatores ambientais externos, convergem para a convalidação do senso de autonomia.

```
Necessidade de          →  AUTONOMIA  ←          Fatores
Autodeterminação                                  Externos
```

Vê-se que o ambiente passa a ter uma forte influência de incentivo externo à motivação e, como dito anteriormente, um ajuste ambiental tem a capacidade de redirecionar o estímulo – para pior ou para melhor – a um determinado comportamento, pelo que se deve priorizar o direcionamento para ambientes apoiadores, estimulantes, que levem à autonomia. Desse modo, as atividades passam a ser mais interessantes, facilitando a adesão aos desafios, direcionando as escolhas e ampliando a sensação de incentivo. Além disso, há uma melhora na qualidade das relações, no estabelecimento de prioridades, foco no objetivo e elevado clima interpessoal, como resume o quadro:

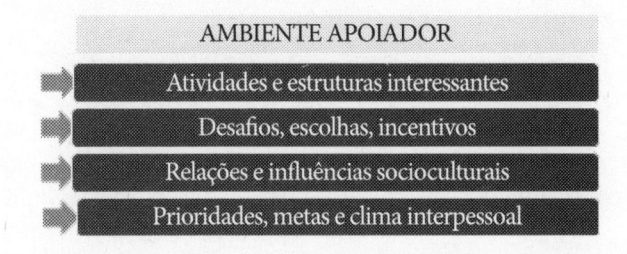

AMBIENTE APOIADOR
Atividades e estruturas interessantes
Desafios, escolhas, incentivos
Relações e influências socioculturais
Prioridades, metas e clima interpessoal

Com os ganhos de autonomia, temos os seguintes benefícios:

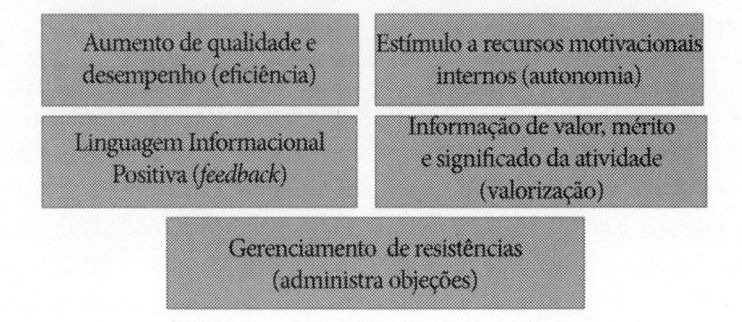

Aumento de qualidade e desempenho (eficiência)	Estímulo a recursos motivacionais internos (autonomia)
Linguagem Informacional Positiva (*feedback*)	Informação de valor, mérito e significado da atividade (valorização)
Gerenciamento de resistências (administra objeções)	

Interessante que a partir da percepção de senso de autonomia exercido, os conflitos passam a se dissipar.

De um lado, podemos ter um ambiente apoiador (estimulante, adequado, agradável) e autônomo; de outro, um ambiente restritivo e controlador. No primeiro, teremos o desejo, o querer fazer, a flexibilidade na execução e a visão de oportunidade. No segundo, a obrigação, a necessidade de fazer, o dever na tarefa, a sensação de encargo na atividade. A dicotomia entre ambas justifica, por si só, as vantagens do estímulo à autonomia. No que se ilustra:

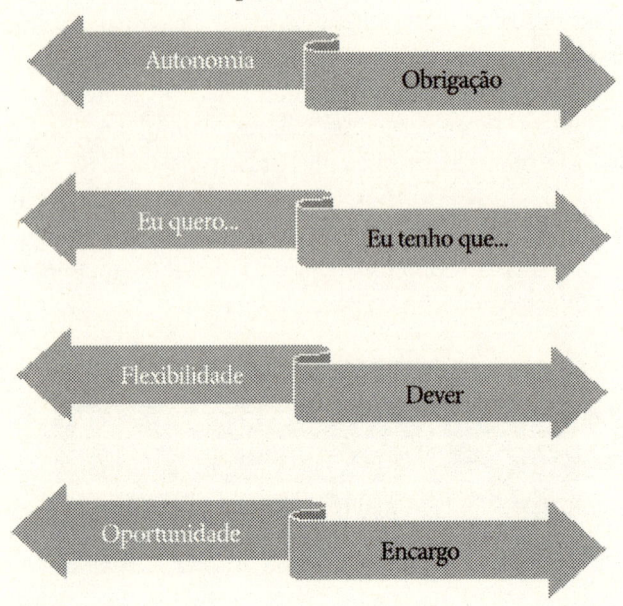

Autonomia ↔ Obrigação

Eu quero... ↔ Eu tenho que...

Flexibilidade ↔ Dever

Oportunidade ↔ Encargo

- **Relacionamento:**

Todos nós possuímos a necessidade de relacionamento, a fim de que possamos sentir e estabelecer conexões, vínculos emocionais com as pessoas, o que nos faz gravitar em torno daqueles a quem confiamos nosso bem-estar, facilitando a formação de laços sociais. A posição defendida por Reeve (2005) é de que todos têm a necessidade de pertencer a algo, o desejo de interagir socialmente, de querer ter amigos que nos compreendam como indivíduo, para que nos sintamos aceitos e valorizados. Dessa forma, almejamos ser reconhecidos – essa é a essência do sucesso do Facebook e de outras redes de relacionamento virtual – e fazer com que as pessoas sejam capazes de corresponder as nossas necessidades, com reciprocidade. Essa relação com os outros envolve, consoante Ryan, Rigby & King (1993):

» Interação Social (geradora de emoções positivas)
» Percepção de vínculo social (aceitação e empatia alheia)
» Troca (desapego, impessoalidade) x Comunhão (compromisso, bem-estar)

» Internalização (processo pelo qual um indivíduo transforma um valor externamente prescrito em algo endossado internamente)

Ou seja, necessitamos de criar vínculos emocionais geradores de valor, significado e utilidade que possam resultar em mérito. O que, por sua vez, desperta a afinidade de propósito! Daí a importância dos relacionamentos com conexões emocionais capazes de despertar e de manter o engajamento das pessoas.

II - Modelo Motivacional de Compromisso:

O compromisso é a expressão que traduz a intensidade e a qualidade emocional percebidas nas pessoas quando se dedicam às suas atividades. Está na essência do engajamento. Em havendo elevado compromisso as pessoas comportam-se de uma forma mais ativa, expressando emoções positivas, conforme Patrick, Skinner & Connell (1993). As pessoas compromissadas, comprometidas (engajadas), demonstram elevados níveis das seguintes características, segundo Wellborn (1991):

Atenção
Persistência
Esforço
Oportunidade à continuidade de desenvolvimento e crescimento;
Participação
Emoções positivas

Entendo, então, que o modelo motivacional de compromisso permite que, uma vez satisfeitas as necessidades psicológicas de competência, autonomia e relacionamento, a pessoa preencha as condições de motivação interna para se sentir comprometida (engajada). Assim, uma vez criado o vínculo emocional com uma empresa, o foco do gestor deve ser o de estimular a realização da motivação intrínseca, favorecendo as condições de manutenção do engajamento. Contudo, hoje vemos ações desenfreadas de chamamento dos funcionários ao engajamento. O que é um desacerto! Ciente de que se trata de um ato voluntário de vínculo emocional, espontâneo, decorrente de identidade e adesão, não se pode ser incongruente e pedir para que as pessoas se engajem.

Nessa linha, o modelo motivacional do compromisso traduz-se como o mais coerente em se estimular a motivação interna, o qual, combinado com as condições necessárias de ambiente, clima e cultura organizacionais favoráveis, permitirá o despertar do engajamento como consequência natural de uma relação estruturada.

Tudo isso passa por uma mudança da cultura das empresas no trato da motivação e do engajamento. Primeiro, é preciso empoderar as lideranças com conhecimento para que adotem as ações adequadas a cada objetivo. Segundo, não se pode subestimar os funcionários quanto às suas reais capacidades, ambições e necessidades, uma vez que eles estão ávidos por informação, em prol da autorrealização. Terceiro, chega de eventos de entretenimento e diversão como ferramenta de motivação, pois isso é rasgar dinheiro. É possível levar a ciência da motivação que agregue valor com leveza e seriedade, já que os ambientes corporativos anseiam por mudanças de comportamentos e paradigmas.

III - Necessidades Sociais:

As necessidades sociais existem dentro de nós como diferenças individuais adquiridas, integrando a nossa personalidade, possuindo caráter reativo. Conforme Reeve (2005), são originadas a partir das experiências ganhas, da socialização e do desenvolvimento da pessoa. As necessidades sociais são:

PODER	Exercer impactos sobre as pessoas.
INTIMIDADE	Gerar conexão, relações afetuosas, seguras e recíprocas.
REALIZAÇÃO	Atingir excelência, demonstrar competência.
AFILIAÇÃO	Oportunidade de agradar os outros e ganhar aprovação.

- **Poder:**

A necessidade de poder gira em torno do desejo de dominação, reputação, status e posição social. Tem como objetivo influenciar as pessoas, impactar para estabelecer o poder, gerir o controle para mantê-lo e influenciar para expandi-lo ou restaurá-lo, conforme Winter (1973). O jogo político em nossa sociedade deixa bem claro a relevância do poder, como uma imposição que extrapola o seu caráter de necessidade social. Existem quatro condições, segundo Reeve (2005), que expressam a capacidade de satisfazer as necessidades de poder de um indivíduo, as quais estão associadas: a liderança, a agressividade, as ocupações influentes e os pertences de prestígio.

Os "líderes" que buscam o poder almejam fortalecer sua imagem social, tentando fazer com que os outros sigam seu plano pessoal, de uma maneira impositiva, sem preocupação com a aderência. O uso desse estilo de liderança geralmente é prejudicial ao grupo. Mesmo assim, ainda há inúmeras organizações que são condescendentes com esse tipo de postura, em outras há uma dificuldade enorme de superar essa cultura impositiva que em nada agrega aos objetivos propostos. E o que mais surpreende ocorre quando há uma cultura estabelecida como salutar e práticas totalmente incoerentes, afetando diretamente a percepção do colaborar e arruinando o contrato psicológico inicial.

A grande crítica à necessidade social de poder é a forma com que está refletida em nossa sociedade de consumo, na qual a posição que você ocupa se torna um pressuposto de sua reputação, mesmo que de fato não haja correspondência entre a sua ocupação e a sua índole. Exemplos não faltam nesse sentido. Os pertences de prestígio atestam a cultura do ter, como se o que você possui de bens fosse a forma de materializar o seu êxito pessoal, não importando se você é ou não uma pessoa emocionalmente estável e saudável, o que coloca em dúvida sua realização plena. Afasta-se a essência do ser!

- **Intimidade:**

A necessidade de intimidade está atrelada ao interesse que o indivíduo possui de estabelecer conexões, de participar de grupos sociais, de investir tempo em pessoas com as quais vislumbra construir relações afetuosas, seguras e recíprocas, que produzam emoções positivas e que o afastem da rejeição. Há um forte anseio pela realização de vínculos relacionais.

Criamos afinidades com certas pessoas e somente a partir da intimidade podemos estabelecer laços de confiança, pois passamos a conhecer e entender melhor aqueles que fazem parte do nosso círculo de relações. Isso se faz presente em quaisquer ambientes que frequentamos. Precisamos consolidar a ideia de que somos seres sociais.

- **Realização:**

A necessidade de realização traduz a vontade de se fazer algo bem feito, que corresponda a um padrão de excelência. Segundo Reeve (2005), a realização deve se refletir numa avaliação significativa sob o ponto de vista emocional em relação à sua competência pessoal, sua percepção de habilidade, na obtenção de domínio, na valorização da realização, na persistência, cuja expectativa de sucesso percebida gera aproximação. É a busca da proficiência, da eficiência, do domínio.

- **Afiliação:**

A necessidade de afiliação advém do temor de relações negativas que resultem em desaprovação e isolamento, para evitar-se a privação de interação social, na busca por aceitação. Gira em torno da oportunidade de agradar os outros, ganhar aprovação e afirmação, a fim de obter validação pessoal. A busca pela reputação, ou seja, o que pensam de mim, como sou visto.

Diferente da realização, em que há uma procura pela honra subjetiva, fazendo o melhor para atingir o melhor de si, na busca pela excelência para a satisfação pessoal, a afiliação está vinculada à honra objetiva, o que represento para os outros.

MOTIVAÇÃO
cognitiva

A perspectiva cognitiva da motivação direciona-se aos eventos mentais voltados a metas que podem mobilizar o esforço e aumentar o compromisso das pessoas, conforme Reeve (2005). Esse esforço pessoal está relacionado ao alcance de competência, autonomia e relacionamento (necessidades psicológicas), na visão de Sheldon (2001). Ou seja, é a procura pelo crescimento pessoal e o bem-estar, associado ao chamado de significado, sem correlação direta com a meta em si. Tenho que o engajamento passa diretamente pela perspectiva cognitiva da motivação, já que nossa aderência advém do significado encontrado no propósito, com o qual estabelecemos identidade, razão pela qual mobilizamos nosso esforço e criamos o compromisso.

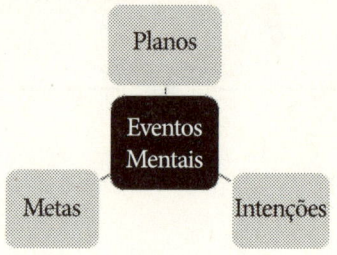

I - Planos:

As pessoas possuem suas representações mentais de um comportamento que consideram como ideal, ou seja, elas têm conhecimento tanto do seu estado presente quanto do seu estado ideal. Qualquer incongruência percebida entre ambos a coloca num plano de ação para eliminá-la, tornando-se uma fonte, um motivo para agir. Assim, nas palavras de Miller et al. (1960), o plano é um meio cognitivo para que o estado atual seja promovido para um estado ideal, dando direção.

Ao se deparar com essa incongruência entre os estados presente e ideal desperta-se um senso de mudança, resultando numa tomada de decisão decorrente de uma motivação corretiva. Desse modo, conforme Reeve (2005), ativa-se um senso de mudança de plano com reflexos no comportamento.

Se durante a correção da discrepância entre os estados a progressão for lenta, teremos emoções negativas (ansiedade, frustração). Quando essa progressão é rápida, produz emoções positivas (entusiasmo, alegria). Quer dizer, a discrepância percebida pode gerar esse ou aquele estado emocional de acordo com a nossa proximidade do pretendido estado ideal. Isso traz à tona a relevância de um *feedback* consistente e construtivo para que a percepção do estado seja a mais fidedigna com a realidade presente.

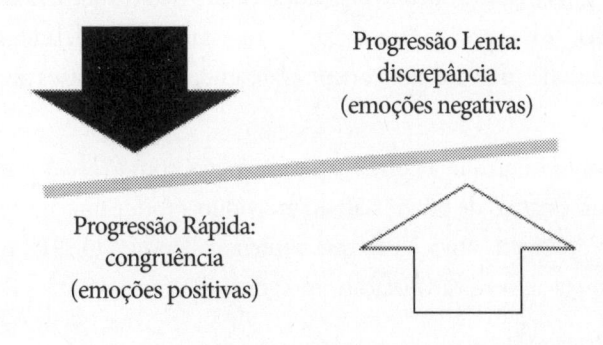

Progressão Lenta:
discrepância
(emoções negativas)

Progressão Rápida:
congruência
(emoções positivas)

II - Metas:

No mundo corporativo economicista, onde tudo gira em torno de cifras, números, tabelas, crescimento e rentabilidade, muitos dos insucessos estão associados ao equívoco no estabelecimento de metas. A meta sempre esteve atrelada a resultado financeiro, jamais foi tratada como uma "ferramenta motivacional", sempre na linha do motive-se para atingir a meta, em vez de usar adequadamente – e de forma produtiva – a meta como meio de motivação. Não à toa a questão da motivação segue mal resolvida no meio organizacional. Vamos à meta!

A partir do viés cognitivo, tem-se que uma meta diz respeito a tudo aquilo que alguém tenta realizar. De um modo geral, quem cria ou aceita metas para si tem um desempenho superior a quem não as utiliza, de acordo com Locke (1996). Por isso a relevância da participação do indivíduo no estabelecimento das metas, pois estimula o senso de autonomia. Já a dificuldade da meta tem o condão de interferir no nível do desempenho, conforme Locke & Latham (2002). Por conta disso, é importante reprisar o que foi dito em relação à necessidade de competência para a qual uma meta muito difícil pode afetar a percepção e adequação à tarefa.

Dessa feita, a meta deve ser no mínimo razoável e, preferencialmente, gradual, para que se possa aferir sua evolução. Ela necessita ser específica, clara, tangível, com o que é preciso e como fazer. Devemos converter metas vagas em metas objetivas e diretas que viabilizem aprimorar o desempenho, direcionando a atenção e o planejamento estratégico. Como destacam Locke & Lathan (1984), o desempenho depende de outros fatores que não são só motivacionais – e isso precisa ser reforçado – mas também habilidades, conhecimentos, atitudes, treinamentos, orientações, ambientes e recursos disponíveis.

Cumpre frisar que a combinação de metas com *feedback* positivo, de caráter informativo de progressão do indivíduo, produz uma mistura emocionalmente significativa. Visto que, sentencia Bandura (1991), o alcance de uma meta alimenta a satisfação emocional.

Segundo Erez, Earley & Hulin (1985), a meta deve ser aceita, acolhida, pois apenas metas internalizadas podem melhorar o desempenho, em virtude do comprometimento (engajamento, adesão) gerado. O que, para mim, explica tanto a grande causa das metas inalcançadas, quanto o desengajamento por equívoco na condução da motivação das pessoas.

Para a aceitação de uma meta é preciso que o seu grau de dificuldade seja ótimo, razoável, gradual, tangível. Deve haver estímulo na participação dos executores no processo de sua definição, guiada por uma liderança coerente que expresse credibilidade daquilo que está sendo projetado, utilizando estímulos extrínsecos que vão além da remuneração e benefícios, a exemplo de um ambiente apoiador, de condições adequadas de estrutura para a execução das atividades, uma comunicação positiva, diretiva e eficaz, com lastro em relações de confiança.

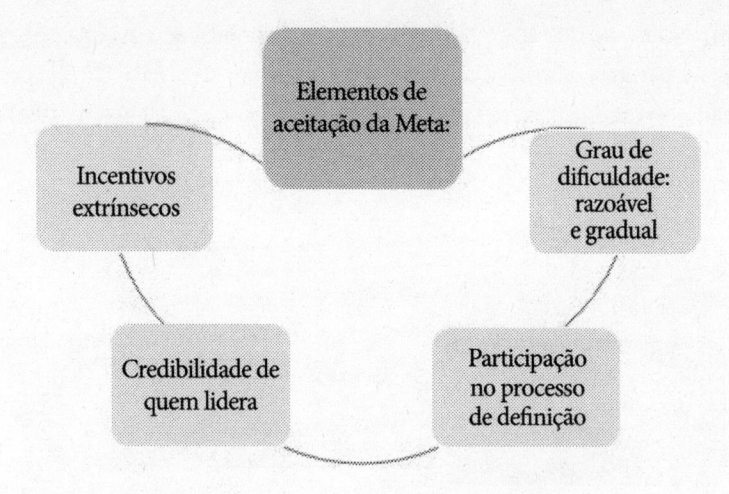

Elementos de aceitação da Meta:
- Incentivos extrínsecos
- Grau de dificuldade: razoável e gradual
- Credibilidade de quem lidera
- Participação no processo de definição

Reeve (2005) enfatiza que a teoria de estabelecimento de metas foi desenvolvida na área de negócios, administração, economia, com foco em vendas, resultados e lucros. Portanto, está atrelada ao desempenho propriamente dito e não à melhoria da motivação em si. A aplicabilidade da meta de desempenho e de curto prazo é útil em atividades desinteressantes e repetitivas, de pequena complexidade, ao passo que não resulta em melhoria de desempenho em tarefas que exigem criatividade e capacidade de resolução, à exceção das de longo prazo, conforme indicam Amabile (1998) e Bandura & Wood (1989).

O que vem de encontro com a atual tendência dos funcionários em encontrarem o propósito em suas atividades e a coerência de valores, contrapondo-se a cargos e funções que só visem o resultado financeiro. A solução passa pelo estímulo de metas de proficiência.

- **Metas de Realização:**

As metas de realização – vinculadas à necessidade social de realização – estão associadas a comportamentos voltados ao alcance de um padrão de excelência. Reeve (2005) menciona que os pesquisadores atuais procuram responder por que as pessoas adotam um tipo de meta de realização a outro. As duas principais metas de realização são: as de desempenho, cujo padrão que se busca é o de provar sua competência com foco no resultado, ser e fazer melhor que os outros, o que acarreta ansiedade; e as de proficiência, na qual se tenta aperfeiçoar sua competência visando fazer o melhor de si, focando no aprendizado, no modo, no processo, gerando inovação, conforme Dweck (1990):

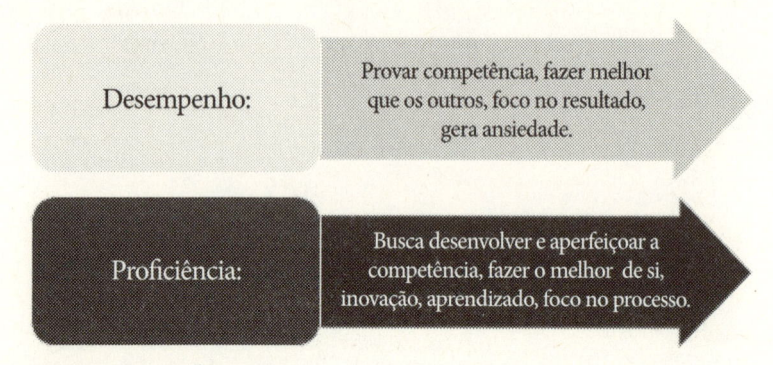

Desempenho: Provar competência, fazer melhor que os outros, foco no resultado, gera ansiedade.

Proficiência: Busca desenvolver e aperfeiçoar a competência, fazer o melhor de si, inovação, aprendizado, foco no processo.

- **Autoconcordância:**

As pessoas possuem maior dedicação àquilo ao qual aderem, ou seja, elas tendem a perseguir metas autoconcordantes, a partir do momento em que decidem conquistar objetivos coerentes com sua identidade e suas crenças. Isso é o que determina a forma como as pessoas decidem se filiar a algo pelo qual irão se esforçar. A consequência disso é a motivação interna, senso de autonomia, entrega, maior esforço, maior interesse. Reeve (2005) aponta que o grau de satisfação da necessidade está vinculado ao grau de autoconcordância com a meta.

Uma meta autoconcordante, por exemplo, deriva de um sentimento de posse, de uma convicção pessoal, é uma expressão de vontade, uma adesão (reflexos de engajamento). Ao passo que uma meta autodiscordante decorre de pressão, de senso de obrigação, uma imposição social vinculada à recompensa. Para facilitar a memorização, podemos ilustrar dizendo que uma pessoa autoconcordante possui um "AVC" (adesão, vontade e convicção), enquanto a autodiscordante tem um "PIO" (pressão, imposição e obrigação).

Autoconcordante:	Autodiscordante:
Adesão	Pressão
Vontade	Imposição
Convicção	Obrigação

Afinal de contas, ninguém gosta de fazer nada obrigado, contrariado, sob pressão. Dentro da concepção da motivação neuroquímica que trouxemos, quem opta por uma linha impositiva autodiscordante está sabotando seus resultados, dando um tiro no pé, pois os hormônios se encarregam de fazer o serviço sujo para desmotivar e quebrar as metas.

É uma opção nada inteligente, o que justifica e reforça a escolha de levar para dentro das organizações o que as descobertas das neurociências na área da motivação podem fazer em nome de melhores tomadas de decisões.

III - Intenções:

As intenções de implementação de metas não podem representar fantasias de sucesso, nem possuir foco no resultado, no objetivo em si. Elas precisam se concentrar no planejamento, no processo e na resolução da tarefa e da atividade, de modo a criar um forte elo entre o comportamento e o resultado. Há que se despertar o senso de competência, em nome da melhor forma de se fazer, em busca da proficiência, cuja excelência levará a melhores resultados. Na lição de Gollwitzer (1999), em face de nossas simulações mentais, devemos priorizar a ação, o processo, a maneira de se atingir a meta, o que permite abster-se do motivo do esforço e concentrar-se nos meios para se alcançar o que se deseja.

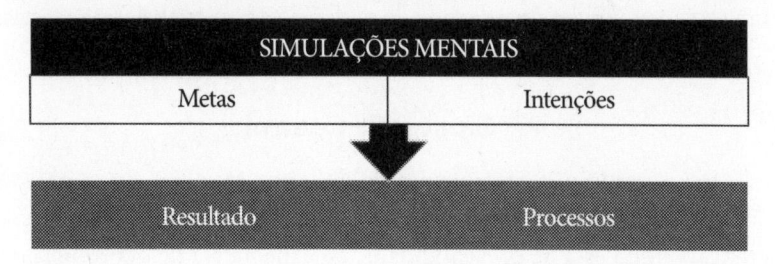

SIMULAÇÕES MENTAIS	
Metas	Intenções
Resultado	Processos

Para que se possa implementar com êxito uma meta, segundo Reeve (2005), é preciso definir planos específicos de ação, o momento de começar a agir, especificando o quê, quando, onde, como, quanto, quem, por que e estabelecer uma cultura de persistência. Traduzo isso como um processo de maiêutica clássico que auxilia na tarefa, o que nos dias atuais tem sido objeto das intervenções de coaching. Ocorre que as falhas acontecem justamente ao não se conseguir desenvolver planos específicos e claros de ação, ressaltando que eventuais erros fazem parte do processo e merecem tolerância.

Como lecionam Gollwitzer & Moskowitz (1996), o estudo das intenções de implementação diz respeito ao estudo das maneiras como as metas serão efetivadas. Ou seja, o como fazer deve ter destaque no planejamento.

IV - Sistema de Autorregulação:

O sistema de autorregulação, conforme Reeve (2005), refere-se a um processo contínuo e cíclico que envolve o pensamento antecipado relativo ao estabelecimento da meta e ao seu planejamento estratégico. Isso inclui as intenções de implementação, o comprometimento (engajamento) à ação e à tarefa, a reflexão sobre as discrepâncias existentes entre a meta e o *feedback* de desempenho, numa autoavaliação que lhe permita prosseguir ou corrigir às ações ao rumo determinado. Podemos afirmar que a autorregulação é o elo entre o estado presente e o estado ideal que almejamos, com o objetivo de também dar suporte ao indivíduo em sua percepção de competência.

Embora a prática independente seja muito importante, Reeve (2005) acrescenta o quão relevante é a figura do líder na orientação desse processo, pois a literatura refere que as pessoas são capazes de adquirir, desenvolver e dominar habilidades complexas de forma mais célere e eficiente se houver um professor que lhe sirva de modelo e referência para estabelecer as metas.

Ao passo que eu sentencio: somos apenas reflexo...

V - Crenças de Controle:

A motivação por controle pessoal reflete o grau com que a pessoa acredita ser capaz de produzir determinado resultado favorável. Nessa crença, o foco está na previsibilidade, na expectativa de ocorrência de um evento, a qual, para Peterson, Maier & Seligman (1993), pode ser de dois tipos: de eficácia e de resultado.

A expectativa de eficácia diz respeito ao comportamento "eu posso", ou seja, é um julgamento da pessoa sobre sua capacidade de execução, estimulando a probabilidade de se comportar de uma determinada forma e focando na confiança. Basicamente objetiva responder: Eu posso fazer isso?

Já a expectativa de resultado dirige o julgamento do indivíduo sobre se uma determinada ação produzirá ou não o resultado, estimando sua probabilidade de ocorrência e as consequências do ato. Resumidamente procura a resposta sobre: Isso vai dar certo?

Ambas as expectativas, revela Reeve (2005), precisam ser razoavelmente elevadas para que o comportamento se energize, sob pena de induzir a pessoa a relutar em participar de determinadas atividades.

O que, no meu ponto de vista, explica a razão pela qual muitas pessoas adotam comportamentos indolentes. Veja a relevância de os gestores terem acesso a esse tipo de informação dentro do ambiente corporativo. Passou da hora de se abrir espaço para as neurociências comportamentais na pauta de treinamento e desenvolvimento das lideranças, em todos os níveis.

Nessa mesma linha, interessante trazer a lição de Skinner (1995), que traz duas referências importantes sobre as crenças de controle pessoal. Uma delas é a percepção de controle, ou controle percebido, associada à expectativa que a pessoa tem de poder interagir com o ambiente e alcançar os resultados almejados. Para tanto, considera dois fatores: primeiro, que o indivíduo se sinta capaz de atingir o objetivo, sua aferição de capacidade; segundo, a previsibilidade de ocorrência do evento, através de uma tarefa que proporcione um desafio ótimo, dando à pessoa a previsão do esforço a que se disporá a fazer.

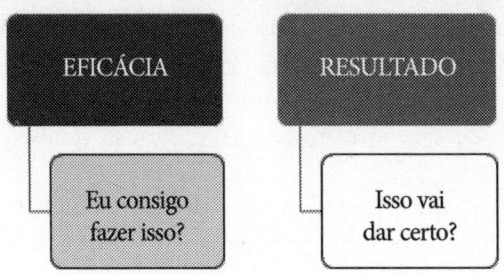

EFICÁCIA	RESULTADO
Eu consigo fazer isso?	Isso vai dar certo?

A outra referência é o desejo de controle, que reflete o ponto até o qual as pessoas se esforçam para tomar suas próprias decisões, influenciar seus destinos, assumir papéis e enfrentar situações de modo planejado, sem depender de terceiros, assumindo uma posição de liderança. Refere-se ao grau de motivação para exercer controle sobre os eventos da vida. O que concluo que esteja diretamente associado à autodeterminação. Dentro da seara corporativa não encontramos nada de concreto sobre o perfil dos funcionários em relação a essas utilíssimas referências motivacionais.

Dessa maneira, uma crença de alta percepção de controle indica que a pessoa tem o domínio sobre o que quer que possa influenciar nos seus resultados. Por vias de consequência, como dito alhures, há maior predisposição para se vivenciar emoções positivas, proporcionando mais esforço, concentração, maior persistência, interesse na atividade, curiosidade e otimismo, reforçando o engajamento. Diante desses benefícios, podemos fazer do aumento do controle percebido um eficiente antídoto para combater o estresse.

Contudo, é preciso especial atenção e cuidado com um excesso de desejo de controle, uma vez que pode acarretar num efeito de ilusão de controle, distorcendo a realidade percebida. Esse excesso, em situações de forte influência ambiental, tende a acarretar angústia e ansiedade, inibindo a flexibilidade, prejudicando e retardando uma eventual correção de rumo.

VI - Autoeficácia:

A autoeficácia refere-se à percepção que a pessoa possui quanto à aplicação das suas próprias competências, a forma como organiza suas habilidades de modo a encarar as demandas. Quer dizer, é a avaliação que o indivíduo faz da sua capacidade de utilizar bem seus próprios recursos e de ser eficiente em diversas situações desafiadoras – as quais estão sempre variando enquanto se executa uma ação. Segundo Bandura (1997), está atrelada ao julgamento de certeza que o indivíduo faz do quanto pode ser bem-sucedido ao ser submetido a determinados desafios e pressões. O oposto disso resulta na dúvida!

Comumente está associada a questionamentos do tipo, leciona Bandura (1997): Que eficácia eu terei quando...? O que eu sentirei quando...? Minhas competências são...?

Isso auxilia na aferição da autoeficácia, possibilitando que a pessoa teste sua capacidade de utilizar os próprios recursos frente aos desafios e improvise maneiras de traduzir suas competências em prol de um desempenho eficiente. Dessa forma, temos que a sensação de autoeficácia eleva o nível de confiança do indivíduo em relação à sua capacidade e competência, direcionando-o à busca por proficiência na execução de suas atividades, resultando num otimismo mais elevado.

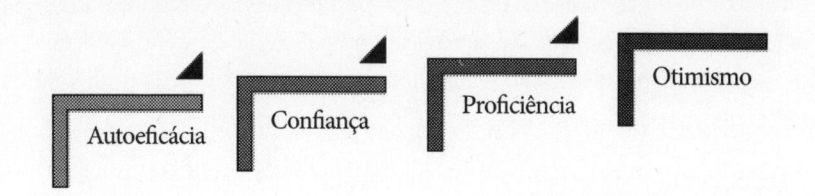

| Autoeficácia | Confiança | Proficiência | Otimismo |

- **Fontes:**

No processo de avaliação de autoeficácia, de acordo com Bandura (1997), a pessoa utiliza como fontes de referências o seu histórico pessoal em situações diretas de eficácia, com lastro nos parâmetros que já possui a respeito. Também faz uso de observações de modelos de comportamentos eficazes quando não possui histórico pessoal (cuja técnica que considero mais adequada é melhor explicitada quando tratarmos do método *emprint*, no capítulo de Reprodução de Competência Motivacional). Além disso, examina as persuasões verbais presentes, cujo estímulo externo pode esbarrar na própria experiência direta, o que afetaria a percepção, bem como considera o seu estado fisiológico em condições normais diante do cenário que se apresenta. Como ilustra o esquema que segue:

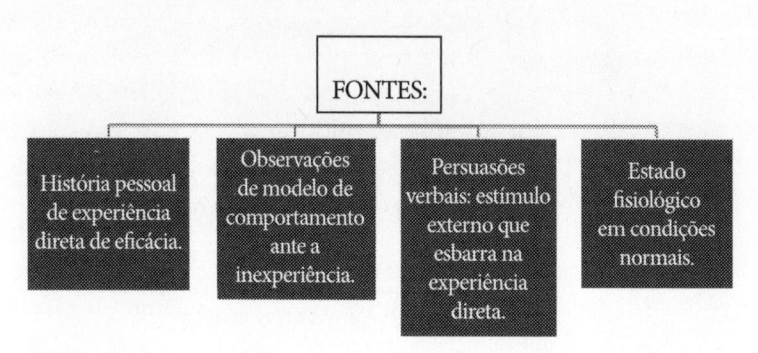

FONTES:
- História pessoal de experiência direta de eficácia.
- Observações de modelo de comportamento ante a inexperiência.
- Persuasões verbais: estímulo externo que esbarra na experiência direta.
- Estado fisiológico em condições normais.

Bandura (1997)

- **Efeitos Comportamentais:**

As crenças de autoeficácia afetam a forma como determinamos nosso sentimento de aproximação das atividades e a nossa receptividade a ambientes que nos façam experimentar senso de competência e controle, contribuindo na qualidade do funcionamento humano. Em sentido contrário, ressalta Bandura (1986), quando há uma sensação de incompetência e descontrole, senso de ineficácia, ocorre a evitação, reação decorrente da uma sensação de dúvida maior que a de eficácia, num ato de autoproteção da pessoa.

Bandura (1988) chega a dizer que as raízes da ansiedade se encontram na baixa sensação de autoeficácia, com efeitos diretos nas reações emocionais. Ainda menciona que essa crença de autoeficácia se traduz num maior esforço e maior persistência, fornecendo o apoio motivacional indispensável para o desenvolvimento da proficiência. A sensação de eficácia também estimula a qualidade de pensamento necessária para afastar eventuais dúvidas que conduziriam a pessoa para fora do foco, ajudando na sua tomada de decisões durante o seu desempenho.

Dentre os efeitos da autoeficácia há uma escolha por aproximação ou por evitação, uma maior ou menor quantidade de esforço e persistência, uma maior ou menor resiliência, com influência na qualidade na tomada de decisões, no nível de certeza, com maior ou menor foco na tarefa (proficiência) e reações emocionais positivas ou negativas. O quadro a seguir, resume:

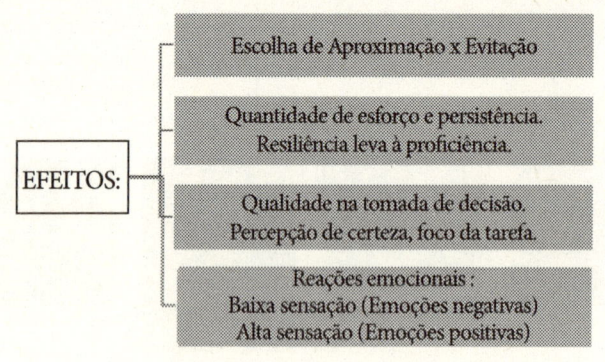

EFEITOS:
- Escolha de Aproximação x Evitação
- Quantidade de esforço e persistência. Resiliência leva à proficiência.
- Qualidade na tomada de decisão. Percepção de certeza, foco da tarefa.
- Reações emocionais: Baixa sensação (Emoções negativas) Alta sensação (Emoções positivas)

Isso elucida porque metas muito elevadas não servem de fator motivacional, antes pelo contrário, pois aquelas que são intangíveis colocam por terra a percepção de autoeficácia da pessoa, despertando-lhe um senso de incompetência e consequentes reações emocionais negativas. O que torna a meta natimorta. Por essa razão, é de suma importância na gestão por competências a mais rigorosa adequação das pessoas às atividades, combinada com um ambiente e uma estrutura de trabalho compatíveis, adequados e apoiadores.

VII - Teoria da Reatância (Resistência):

A teoria da reatância ou resistência é tida como uma tentativa comportamental de a pessoa reagir para reestabelecer uma liberdade ameaçada ou eliminada (perda de autonomia e controle). Logo, leva a um comportamento ativo e reativo, variando de hostil a agressivo, como um reflexo de disposição para evitar eventos incontroláveis, tendo sua raiz no controle percebido, ou seja, na percepção de competência e autonomia, conforme Wortman & Brehm (1975).

Podemos resumir como uma espécie de fuga e evitação a uma persuasão que possa colocar em risco sua percepção de controle. O que comumente é visto no ambiente corporativo como uma postura simplesmente negativa, injustificada, sem que se tenha maior preocupação com sua origem, como bem demonstrado. Entretanto, o foco por resultado não permite observar um fator de tamanha importância. As lideranças precisam saber as razões dessas resistências, o que é indispensável para buscar os ajustes necessários que possam proporcionar as condições favoráveis para gerar comportamentos de aproximação. Esse tipo de informação e conhecimento deve ser estimulado dentro da seara corporativa, eis o empoderamento que defendo.

Reeve (2005) alerta que é muito importante que a pessoa não se apague a resistências frágeis e infundadas, sob pena de frustrar a aquisição e o aperfeiçoamento da resiliência. A qual, aliás, é imprescindível ao exercício da flexibilidade, com objetivo de descobrirmos novas soluções de controle e eficiência na execução no que sentencia:
"Existem mais caminhos para se alcançar uma meta
do que obstáculos para impedir a sua conquista."

VIII - Identidade:

O perfil de identidade da pessoa irá determinar a forma com que ela opta ou não em aderir a uma causa. Daí a relevância de saber com que perfis se está lidando, de maneiras a direcionar o estímulo certo para despertar adequadamente a motivação.

Gecas & Burke (1995) afirmam que a identidade está vinculada à essência do indivíduo num determinado contexto social, sendo norteadora do comportamento. Sua estrutura utiliza como parâmetros as relações pessoais, as vocações, os níveis de afiliações e os grupos a que pertencemos. Aspectos esses que merecem ser mais bem observados dentro do ambiente organizacional, a fim de se calibrar a melhor forma de criar vínculos de identidade, que despertem engajamento ao propósito. Isso ganha mais relevância no mundo atual, onde a diversidade se transformou em pauta prioritária e o respeito à identidade ganhou amplitude em todos os seus aspectos.

- **Controle do Afeto:**

As pessoas agem de modo a preservar e manter a sua identidade. Assim, a motivação e a emoção direcionam comportamentos e sentimentos de confirmação e restauração da identidade percebida, diz Reeve (2005). Dito isso, advém a importância de os gestores desenvolverem a percepção sobre o perfil de identidade do funcionário, a fim de criar um ambiente e condições que a preservem, sem ferir a individualidade a ponto de gerar resistências e conflitos.

Por conseguinte, o nível de intensidade de afeto, referem Larsen & Diener (1987), possui relação com a capacidade que a pessoa tem de experimentar e sentir as emoções, ou seja, sua sensibilidade emocional. Dessa feita, a intensidade está associada à maior sensibilidade a eventos emocionais. Por isso, sugiro que calibrar a intensidade de afeto da pessoa já no processo de recrutamento e seleção – insisto na importância desse subsistema – permite que se possa ter referências sólidas quanto a sua vulnerabilidade e resistência emocional durante a execução das tarefas e atividades. O que possibilita ao gestor gerenciar a melhor forma de lidar com cada perfil, além de facilitar as ações voltadas a despertar vínculo emocional, indispensável ao engajamento.

- **Papéis:**

    Em cada uma de nossas posições sociais representamos um papel e nosso comportamento varia conforme o papel que assumimos. Podemos exemplificar essa busca a partir dos seguintes questionamentos acerca dos papéis que identificamos: minha relação é de um amigo ou um patrão? Pertenço a que doutrina religiosa? Minha vocação é ser advogado ou professor? A qual grupo étnico pertenço? A que posição política estou filiado?

    Com base nisso haverá o direcionamento de comportamento, alinhado à identidade assumida. Nos dizeres de Gonas (1977) essa percepção é denominada pelos sociólogos de "definição da situação".

    Diga-se de passagem, ter uma situação clara, definida e objetiva facilita a tarefa não só de quem lidera, mas também de quem a executa. Por isso, a relevância de que no ambiente de trabalho os papéis sejam límpidos e cristalinos, já que muitas vezes nos deparamos com processos despadronizados e pessoas em posições diversas ou fora de sua esfera de competência, o que acaba afetando a execução e prejudicando o desempenho. Por isso, a adoção de manuais de ética e de posturas, bem como de procedimentos e processos relacionados a cada cargo e função, costumam ter utilidade como instrumentos de orientação.

Personalidade

A personalidade é um fator determinante no estabelecimento do padrão de comportamento de um indivíduo, de suas ações e reações, seguindo a posição de Reeve (2005). A rotina diária já nos demonstrou que tudo passa pela qualidade do comportamento, pois o elo entre um projeto e um resultado, uma intenção e uma meta, é justamente esse. O foco nas organizações – e na própria vida pessoal – deve ser o de aperfeiçoar os comportamentos. Eis a prioridade!

Sendo assim, da mesma forma como ressaltado no capítulo sobre o engajamento, vejo que a questão da identificação da personalidade necessita estar atrelada à busca pelas referências motivacionais e emocionais da pessoa. O que merece relevo durante o processo de recrutamento e seleção. Insistimos nesse ponto de vista, dada a sua dimensão, uma vez que se está diante do momento ideal para se levantar tão relevantes informações, com grande impacto no comportamento.

Por isso, dentro dessa linha, a sugestão é que sejam adotados como base os instrumentos de avaliação dos fatores motivacionais de personalidade, a seguir descritos, o que não exclui a adoção de outras ferramentas que tenham o mesmo objetivo:

I - Avaliação de Fatores Motivacionais:

» Questionário de Personalidade de Eysenck – EPQ-R (Eysenck & Barret, 1985)
» Escalas NEO PI-R (Costa & McCrae, 1992)
» Inventário de Cinco Grandes Fatores – BFI2 (John & Srivastrava, 2000)

II - Características Motivacionais:

Muitas vezes, chama-nos a atenção a forma com que as pessoas se adequam a determinadas funções e cargos. O perfil da atividade tem ligação com a característica motivacional do indivíduo e isso jamais pode passar despercebido quando se tem como mote uma gestão por competências. Ocorre que, ao falar em competências, muitos ainda insistem em se concentrar nas técnicas. Não há como se admitir, nos dias de hoje, que ainda se deixe de lado competências motivacionais e emocionais (como considero que não há motivação sem emoção, ambas devem ser conjuntamente observadas), sem as quais a pessoa não conseguirá dar o melhor de si, não obterá a proficiência, tampouco haverá a melhor adequação da pessoa ao trabalho.

- **Introversão (SIC):**

Uma das características motivacionais de personalidade é a introversão, a qual dispara nosso Sistema de Inibição Comportamental (SIC). Ela está associada à infelicidade, a uma predisposição ao negativismo e a experimentar emoções negativas, neuroses, induzindo a comportamentos de evitação, fuga, isolamento, medo, ansiedade, irritabilidade, angústia, estando relacionada com a instabilidade emocional.

- **Extroversão (SAC):**

Já a extroversão é uma característica motivacional de personalidade que aciona o Sistema de Ativação Comportamental (SAC). Uma vez ativado, proporciona uma melhora no nível de sociabilidade, na afirmação social e no espírito de aventura, tornando as pessoas mais sensíveis a recompensas e propensas a desafios, gerando aproximação e felicidade.

A importância dessas características está justamente em poder se averiguar qual o sistema comportamental do indivíduo, a fim de que ele possa exercer atividades que sejam compatíveis. Exemplo, podemos citar que uma pessoa introvertida não poderia trabalhar na área de vendas. Por sua vez, uma pessoa muito extrovertida seria um tanto quanto temerária para realizar controle de fluxo de caixa, que exige maior atenção.

Saliento que se trata de uma referência, a qual está sujeita a outros fatores comportamentais para se definir o perfil completo da pessoa. Justamente por isso, mais importante do que aferir as competências técnicas é obter as referências motivacionais e emocionais da pessoa, as quais estão diretamente atreladas a sua postura e as suas reações comportamentais, reitere-se, pois, como diz o ditado: a repetição é a mãe da perfeição.

III - Felicidade:

A felicidade decorre das características de personalidade da pessoa. A principal delas é justamente a extroversão, pois propicia maior sociabilidade, maior assertividade e maior estímulo. Os extrovertidos, segundo Lucas et al. (2000), são mais felizes, mais suscetíveis às recompensas inerentes às interações sociais, com capacidade para experimentar mais emoções positivas, tais como: desejo, vontade, entusiasmo, energia, confiança, além da própria felicidade inerente.

O que reforça a necessidade de criarmos ambientes e relações com as quais as pessoas possam experimentar momentos de felicidade, retroalimentando a motivação interna, pelo prazer de fazer, pelas sensações de bem-estar ofertadas pela dopamina. Olhe a felicidade como um contrapeso de equilíbrio entre direitos e obrigações numa relação.

Mas, ainda, há quem insista em buscar ações motivacionais de baixo custo, ou seja, mensura o que pode ser despendido, mas não foca nos benefícios de um simples ajuste de ambiente e estímulo de relacionamentos de cooperação. Claro que muitos gestores possuem a melhor intenção, mas esbarram na cultura de grande parte dos empresários que só aprenderam a contabilizar o resultado financeiro. Não pensam num legado e exigem motivação e engajamento criando propósitos de fachada.

Não exija dos outros aquilo que você não pode dar!

Como se isso não tivesse que ser tratado como investimento, por conta do retorno que é capaz de gerar nos indicadores das empresas. Invista em felicidade!

IV - Humor:

O humor quase sempre é um efeito de um episódio emocional, conforme Davidson (1994). Influi no fluxo de processamento de informação, na tomada de decisão, na criatividade, no juízo de valor, na disposição, no altruísmo, na cooperação, no conteúdo da memória de trabalho e nas expectativas, segundo Isen (2002).

Dito isso, ratifica-se a importância da motivação neuroquímica, dessa vez estimulando as pessoas a liberarem endorfina – como já mencionado, o hormônio responsável pelo prazer, que ativa a concentração, gera sensações de bem-estar e fluxo positivo, levando leveza ao ambiente corporativo e cultivando os bons relacionamentos. Por esses motivos, mais uma vez, precisamos estimular um ambiente e um clima organizacional de leveza, cujo humor esteja sempre presente para favorecer as relações.

Até porque passamos a maior parte de nosso tempo junto aos colegas de trabalho, o que torna necessário que tenhamos uma convivência salutar e positiva.

IV - Estímulo Ambiental:

Anderson (1990) menciona que o estímulo do ambiente desperta o que ele denomina de ativação, a qual representa a forma como os processos mentais orientam os nossos estados de alerta, vigília e atividade. Sendo, pois, direcionada pelo grau diário de estimulação ambiental, vinculando-a ao nível de desempenho exigido.

Como já havia destacado em tópicos anteriores, os incentivos ambientais ativam, positiva ou negativamente nosso comportamento. O que reforça o destaque já dado sobre a importância de ajuste no ambiente. Essa ativação produtiva deve se dar num nível moderado, associando-se a um melhor desempenho e a estados emocionais ótimos, coincidindo com a experiência do prazer. As pessoas necessitam e merecem ter essa sensação em suas rotinas de trabalho.

Contudo, menciona Berlyne (1967), um estímulo em nível muito elevado causa estresse, tensão, aversão; ao passo que um estímulo em baixo nível acaba por produzir tédio, apatia, desinteresse. Ou seja, na mesma linha em que utilizamos a autorregulação em nossa calibragem de senso de competência.

MOTIVAÇÃO PARA *autorrealização*

As novas gerações têm trazido à tona a questão da escolha de uma atividade de trabalho atrelada a uma causa, a um propósito, para elegerem uma empresa para dedicarem suas expertises, seus talentos. Há um posicionamento firme quanto à importância dos valores pessoais, das crenças e dos princípios na hora de tomarem a decisão de onde trabalhar. Contudo, almejam tudo para ontem, sem uma visão clara de uma construção de carreira. Uma busca por realização desestruturada.

Numa outra frente, há uma dicotomia entre aqueles indivíduos que colocam a reputação, o ter na frente do ser, o status, a imagem, criando um disparate na percepção das necessidades que precisam efetivamente ser atendidas. Eu tenho e me realizo (mesmo que momentaneamente) ou eu sou e vivo realizado. Essa dualidade acaba dificultando a missão da área de recursos humanos.

Uma corrente das neurocientistas encarregou-se de revisar as necessidades e as descobertas foram surpreendentes, sob o ponto de vista de que as referências utilizadas não se convalidam dentro do modelo que fora apregoado nos moldes da pirâmide motivacional consagrada pelos economistas, preenchendo uma janela de tempo de quase duas décadas (1970 a 1990) sem que o tema fosse estudado a fundo por outras áreas do conhecimento. Desta feita, foram apresentadas outras bases, como a busca de crescimento, de validação e de significado, com foco no indivíduo, como veremos doravante.

I - Busca de Crescimento:

Os indivíduos que buscam o crescimento centralizam seus esforços na aprendizagem, no aprimoramento e no alcance do seu aperfeiçoamento. Almejam a proficiência, para atingir a autorrealização, comportando-se conforme seus valores e princípios. Quem busca o crescimento enseja a oportunidade de realizar seu próprio potencial à plenitude, com o objetivo de chegar à excelência, dando e sendo o melhor de si.

A procura pelo crescimento leva ao autoconhecimento, pois permite que a pessoa desperte as suas competências e talentos. O que viabiliza otimizar e elevar suas competências ao máximo, focando naquilo que sabe fazer de melhor. Veja-se que, aqui, em nenhum momento há algum direcionamento voltado a resultados ou metas, as quais são vistas como consequência natural da excelência atingida. Fica nítida a diferença e o efeito que faz uma abordagem voltada à pessoa.

Com todo o respeito, o enfoque economicista que ainda impera em muitas culturas organizacionais não tem mais espaço, se o objetivo for a longevidade sustentável de seus negócios, havendo um propósito nobre definido.

II - Busca de Validação:

Dentro da cultura que ainda impera, as pessoas que buscam aprovação social necessitam do preenchimento das condições alheias para se sentir bem, tendo como resultado a falta de percepção de valor, de competência e de atração pessoal. Ao se buscar a validação, o que se pretende é tentar restaurar as próprias necessidades para suprir as deficiências percebidas. Diante disso, eleva-se a importância de se ter muita franqueza e cuidado das lideranças ao proceder num *feedback* a pessoas desse perfil, pois uma aprovação dada de forma equivocada ou condescendente apenas vai maquiar o seu sistema de autorregulação, ocultando a ausência de competência, não suprindo a deficiência, vez que não percebida a contento.

Para mensurar se o perfil é de crescimento ou de validação, torna-se de grande utilidade que se faça o uso do Inventário de Orientação e Metas – GOI (Dykman, 1998). Ter-se-á, então, uma grande ferramenta que vai fornecer bons parâmetros ao gestor, de modo a que possa melhor direcionar suas ações motivacionais.

III - Significado:

Sob o ponto de vista motivacional, a autorrealização passa pela procura do significado na vida, o que demanda a satisfação de três necessidades: de propósito, a fim de que as atividades de hoje tenham um sentido, com as metas orientadas para um futuro coerente; de valores, que definem o que é bom e o que é ruim, de forma que possamos agir de acordo com eles; e de eficácia, visando propiciar um senso de controle da competência pessoal que nos capacite a acreditar que aquilo que fazemos exerce um efeito, tem uma finalidade nobre. Segundo Baumeister & Vohs (2002), tudo isso provoca o cultivo do significado na vida para encontrarmos os benefícios que existem nesses eventos. Assim, somos norteados pelas necessidades de:

PROPÓSITO
VALORES
EFICÁCIA

IV - Revisando Maslow:

Qualquer estudo sobre a motivação passa pela precursora Hierarquia das Necessidades Humanas proposta por Maslow, a partir de sua disposição em cinco níveis (fisiológicas, segurança, sociais, estima e autoatualização). Três temas foram abordados por ele em sua linha de definição sobre a natureza dessas necessidades (Maslow, 1943):

I. Primeiro, as necessidades se dispõem em hierarquia de acordo com a potência e força, ou seja, quanto mais baixa no nível hierárquico, mais forte e urgentemente é sentida pela pessoa.
II. Segundo, quanto mais baixo o nível de uma necessidade mais depressa surge no desenvolvimento, ao passo que os jovens experimentam apenas as necessidades inferiores e os mais velhos tendem a experimentar a gama total da hierarquia.
III. Terceiro, as necessidades são satisfeitas em sequência, da inferior para a superior, da base para o topo.

A partir dessas premissas, diversos estudos foram realizados e, em que pese a ampla utilização referencial da teoria de Maslow, as pesquisas apresentaram pouco suporte empírico à hierarquia das necessidades nesse formato, constatou Reeve (2005). As recentes pesquisas conduzidas por neurocientistas da motivação demonstraram que os três temas sugeridos por Maslow não encontraram convalidação.

Ao investigar a mudança da motivação conforme a idade, Goebel & Brown (1981) fizeram um estado no qual pediram a crianças, adolescentes, adultos, pessoas de meia-idade e idosos que relatassem quais necessidades lhes eram prioritárias. A idade não predeterminou a significância da necessidade. Já a autorrealização obteve grau baixo entre os mais velhos.

A ordem de classificação também foi testada para validar a hierarquia. No estudo conduzido, segundo Mathes (1981), solicitou-se que os participantes determinassem suas necessidades em ordem de importância ou de desejabilidade. Novamente, não se confirmou o ordenamento de prioridades que fora disposto por Maslow.

Noutra pesquisa, ao se questionar a prioridade dos universitários, em ordem de menor para maior importância, as respostas foram: necessidade de estima, de segurança, de autoatualização, sociais e fisiológica. Nada consonante com a ideia posta por Maslow.

Para Sheldon, Elliot, Kim & Kaiser (2001), a hierarquia encontra apoio empírico num estudo que a delimita em apenas dois níveis, no contraste abaixo ilustrado, dividindo-se em:

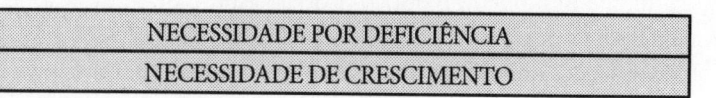

NECESSIDADE POR DEFICIÊNCIA
NECESSIDADE DE CRESCIMENTO

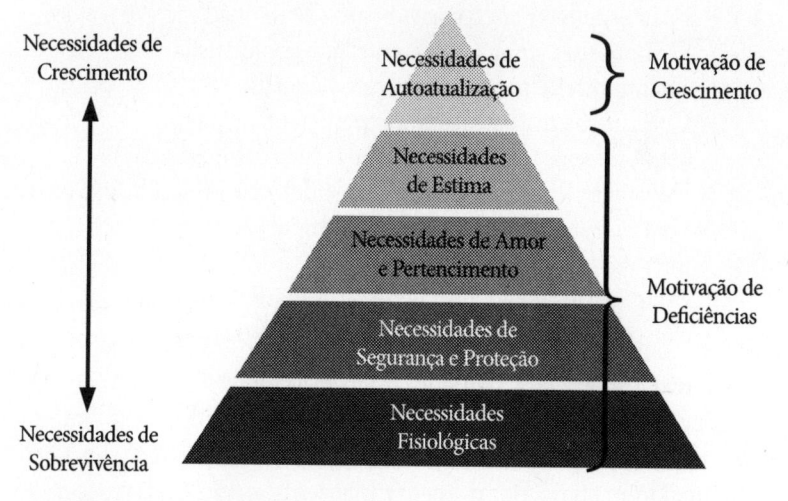

Reeve (2005)

Do que se extrai:
- A não convalidação da hierarquia em cinco níveis;
- A junção das necessidades fisiológicas, de segurança, sociais e estima numa só categoria de motivação por deficiência;

- E a autorrealização agora abarcada como motivação de crescimento.

Por sua vez, no que tange à necessidade por crescimento, a visão de Maslow restou, essa sim, consolidada, destaca Reeve (2005), encorajando-a. Pois a estimativa apontada por Maslow era de que 1% da população alcançaria a autorrealização. Isso se daria seja por fatores internos ou externos, seja pelo fato de o indivíduo temer seu próprio potencial. O que acabou o levando a reconhecer a contradição entre a ideia de que a autorrealização era inata (inerente a todos os seres humanos) e a constatação de que poucos efetivamente satisfazem a necessidade de autorrealização (até por se utilizarem, como se viu, de premissas equivocadas).

V - Comportamentos para Autorrealização:

Durante muito tempo o foco dado ao estudo de Maslow foi basicamente direcionado à estrutura de sua pirâmide, pouco destaque se deu às recomendações que ele sugeriu no que tange aos comportamentos encorajadores da autoatualização, quais sejam:

- Fazer escolhas para o crescimento (direcionada ao progresso);
- Ser honesto (ousar ser diferente, não conformista, autêntico, refletindo seu interesse pessoal);
- Colocar-se em posição para experiências de pico (explorar seus talentos, aprofundar suas competências);
- Desistir de defensivas (deixar de ser indulgente e por as mãos à obra);
- Usar a intuição (ouvir as vozes dos impulsos, interesses e aspirações internas).
- Estar aberto a experiências (ser espontâneo, original e disposto a uma experiência plena e de absorção).

Tais comportamentos, segundo o próprio Maslow (1971), seriam complementados pelo nosso comprometimento com relacionamentos íntimos e satisfatórios que apoiem a autonomia, a receptividade e o reconhecimento. Atendendo ao que dispõe o sistema de autorregulação. Chama a atenção, nesses comportamentos, a presença da espontaneidade, absorção, comprometimento, experiências de pico, aspirações internas, elementos atrelados à motivação interna de proficiência e ao engajamento. Concluo que, mesmo sem imaginar, Maslow havia criado as bases que sustentam comportamentos engajados. Como diz o ditado: mirou na estrela e acertou a lua.

Dessa feita, percebe-se que os estudos recentes não tiram o mérito de Maslow, em cuja época não havia o magnífico suporte científico e tecnológico que o viabilizasse aprofundar os estudos sobre a motivação, que não fosse a própria observação sobre os eventos. Tem-se um consenso no sentido de que há muitíssimo ainda a se desvendar sobre a natureza humana e suas motivações.

Consequentemente, de um lado, os avanços alcançados pelos neurocientistas motivacionais reposicionam a hierarquia, simplificando-a nos dois níveis de necessidades de deficiência e de crescimento. De outro lado, ressignificam a relevância de Maslow não mais focada à hierarquia, mas centrada à sugestão, consolidada, dos comportamentos necessários para se atingir a autorrealização, objeto alcançado por poucos.

Dadas as constatações feitas, compete-nos disseminar o conhecimento para estimular com que mais e mais pessoas despertem à autorrealização. A propósito, a meu ver, está associada ao engajamento, pelo agir com base no mérito das ações e dos resultados pelos quais se entrega, espontaneamente, sua dedicação.

Gestão emocional:

O USO DAS EMOÇÕES PARA REPRODUZIR COMPETÊNCIA MOTIVACIONAL

◆

Na área de Gestão de Pessoas, busca-se o desenvolvimento dos funcionários nas empresas através do conceito de competência sob a ótica da Administração. Sob esse prisma, o ser humano necessita de conhecimentos, habilidades e atitudes para se desenvolver em nível intelectual e profissional. De igual sorte, também é preciso atingir um nível de competência emocional para nortear o nosso comportamento da maneira mais desejável possível, inclusive na vida pessoal. Isso, contudo, não é abordado no conceito de competência, tampouco de forma objetiva no meio corporativo. Assim, o ponto de partida está em entender o funcionamento e a função das emoções em nossa rotina.

A partir daí, é preciso uma análise da origem etimológica, da estrutura, da importância, dos atributos funcionais, chegando-se à forma de gestão das emoções para se adquirir um sólido conjunto de referências, visando sua eficaz aplicação na reprodução de competência na seara motivacional.

Ou seja, ao constatar que a principal causa de nossos comportamentos decorre de nosso estado emocional e da forma como o gerenciamos, somos capazes de alterar e controlar os seus efeitos sobre nossos comportamentos e nossa tomada de decisões. Cumpre destacar que nossa motivação passa diretamente pelas emoções que sentimos em determinado momento, em estreita relação de causa e efeito. Por sua vez, tudo isso depende de nossa capacidade de nos tornarmos gestores das próprias emoções, visando determinar nossos motivos para agir.

Através da aplicação da gestão emocional, procura-se demonstrar como usar as emoções para reproduzir competência motivacional, explicando como as emoções dirigem nossas ações e reações, de modo a termos os comportamentos mais adequados a cada contexto social e ambiental. Além disso, busca-se elucidar como as emoções influem em nossos comportamentos, hábitos e em nossas decisões.

Logo, a gestão emocional apresenta-se como uma abordagem alternativa que possa preencher uma lacuna no que diz respeito às ferramentas de motivação até então utilizadas, as quais não conseguem surtir um resultado efetivo. Da mesma forma, o seu escopo é fornecer um instrumento científico na área de Gestão de Pessoas que sirva como uma referência para o desenvolvimento de competência emocional e motivacional.

A gestão emocional, com cunho educativo, visa atender a uma demanda do público corporativo, em especial do ambiente de Recursos

Humanos e de Gestão de Pessoas, com aplicação prática também ao público em geral. Esse estudo desenvolvido revela-se importante, a partir do momento em que se constata a falta de equilíbrio emocional das pessoas para gerir as diversas áreas da vida, bem como diante do aumento da pressão por resultados. As pessoas ainda não são mais fortes que os resultados financeiros.

Essa linha é proposta num contexto em que se exige tomada de decisões praticamente instantâneas e o processo de Gestão Emocional vem ao encontro das atuais necessidades sociais.

I - Competência sob a ótica da Administração

A definição de competência vem bem ilustrada no artigo Construindo o Conceito de Competência, de Fleury (1991, p. 186):

"O conceito de competência é pensado como o conjunto de conhecimentos, habilidades e atitudes (isto é, conjunto de capacidades humanas) que justificam um alto desempenho, acreditando-se que os melhores desempenhos estão fundamentados na inteligência e personalidade das pessoas".

Contudo, há inúmeros relatos notórios de profissionais altamente qualificados que não conseguem tirar o melhor dos seus CHAs, ou seja, fica evidente que há um limitador. Não se pode cogitar que esse conjunto de capacidades humanas, de caráter técnico, prático e científico, possa ser bem utilizado sem que haja o respaldo do aspecto emocional, conquanto sempre haverá uma pessoa em qualquer fase de execução de uma atividade (planejamento, criação, monitoramento, execução, etc.), cada qual com sua carga de subjetividade. Isso tem reflexos, diretamente, no âmbito motivacional do indivíduo.

Dessa maneira, a gestão emocional passa a ser um referencial norteador, dada sua influência direta em nosso comportamento, de modo a que se possa atingir níveis de excelência em competência. Revelando-se como o diferencial competitivo da próxima década de 20, especialmente na era da prevalência das relações virtuais.

II - Emoção e Motivação:

Pois bem, se temos que a motivação é o resultado de motivo mais ação, sendo a ação um sinônimo de movimento, então a emoção é o instrumento de excelência, o motivo basilar para agir, para movimentar-se em prol de um resultado. Na obra Competência Motivacional, Branco (2004) refere que está cientificamente demonstrado por autores como Antônio Damásio, Daniel Goleman, Carroll Izard, Pierre Karli ou William James que as emoções são um dos principais sistemas motivadores do comportamento. Então, estamos no caminho certo!

Por sua vez, Ekman (2011) afirma que as emoções se desenvolvem e nos preparam para lidar rapidamente com eventos essenciais de nossas vidas sem precisarmos pensar no que fazer. Cameron, Bandler e Lebeau (1993) completam dizendo que o comportamento é subproduto das emoções. Podemos dizer que somos reféns emocionais!

A maneira mais fácil e eficiente de se ter os comportamentos desejados é selecionar e acessar a emoção adequada, e que seja possível escolher as emoções que sentimos. Ao fazer isso, teremos o tipo de experiência que desejamos para o nosso dia a dia. Por conseguinte, Robbins (2007) aponta que nosso comportamento é o resultado do estado (emocional) em que estamos. Resta clarividente, pois, que não há motivação sem que haja a correspondente emoção.

Temos que ter consolidado que o que causa a motivação está vinculado ao que causa a emoção. Isso leva em conta aspectos biológicos, psicológicos, sociológicos, culturais, antropológicos, ambientais, dentre outros. Reeve (2005) refere que é justamente o componente propositivo que dá a emoção o seu estado motivacional na busca de metas.

III - Fisiologia:

Robbins (2007) afirma que a fisiologia é o mais poderoso instrumento que temos para mudar um estado e produzir resultados dinâmicos. Se você muda a fisiologia – isto é, sua postura, modo de respirar, sua tensão muscular, sua tonalidade – no mesmo instante você muda suas representações interiores e seu estado. Branco (2004) refere que todas as emoções, em geral, podem ser protagonistas de alterações fisiológicas que, ao instalarem um estado de corpo negativo ou positivo, condicionam a percepção pessoal do estímulo, podendo alterar o comportamento de resposta. Branco (2004, apud Tomkins, 1962; Izard, 1971; apud por Rodrigues et al., 1989) acrescenta, ainda, que o sistema motivacional mais importante dos seres humanos é constituído por dez emoções primárias, cada uma com características motivacionais e fenomenológicas específicas, que poderão desencadear fenômenos experienciais internos e processo comportamentais. O que nos dá um excelente ponto referencial.

Para Cameron, Bandler e Lebeau (1993) o que torna a escolha emocional possível é o conhecimento e a capacidade de reagir de maneira útil à estrutura das emoções. E que tal compreensão cria um senso de utilidade, permitindo modificar as emoções e colocar todos os estados emocionais à nossa disposição. O que me permite dizer que passaríamos de reféns emocionais para gestores emocionais!

IV - Os atributos funcionais das emoções:

Cameron, Bandler e Lebeau (1993) destacam que a emoção é válida enquanto sinal e o que o sinal significa, o que ela está tentando dizer, é chamado de atributo funcional da emoção. O ponto de partida está em saber identificar esse atributo, a fim de conseguir direcionar nosso comportamento a uma emoção mais adequada ao contexto. Para esses autores, o valor de uma emoção só pode ser medido pelo resultado final que poderá atingir. Em outras palavras, se ela atingiu o objetivo de seu atributo funcional, se cumpriu com sua missão.

Em outras palavras, o atributo funcional é o ponto-chave da utilização de uma emoção. Cameron, Bandler e Lebeau (1993) apontam as principais emoções e seus respectivos atributos funcionais, o que Robbins (2007) associa a estados vinculados aos valores negativos e positivos (haja vista que muitas de nossas emoções estão associadas aos valores pessoais que utilizamos) conforme a lista que segue (emoção/atributo):

- Arrependimento (poderia ou deveria ter sido feito de forma diferente);
- Ansiedade (algo no futuro para o qual preciso me preparar melhor);
- Culpa (a pessoa violou seu próprio padrão pessoal);
- Ciúme (fazer algo para proteger seu bem-estar afetivo-emocional);

- Decepção (algo terminou ou está por terminar ou não vai acontecer);
- Desconforto (as coisas não estão bem, algo não está certo);
- Frustração (você pode se sair melhor, exerça mais flexibilidade);
- Inadequação (autocrítica, buscar desenvolvimento pessoal);
- Mágoa (expectativa de não ter sido correspondido em algo);
- Medo (preparar-se diante de um perigo em potencial);
- Raiva (preciso fazer algo para evitar dano a felicidade ou que a integridade seja prejudicada);
- Solidão (necessidade de se ligar mais com as pessoas);
- Sufocamento (necessidade de reavaliar o que lhe é mais importante);
- Aceitação (diante de coisas que não se pode ou não vale a pena mudar);
- Admiração (carga positiva de respeito, contemplação, criando um vínculo muito positivo e construtivo).
- Ambição (forte desejo em torno de um objetivo);
- Amor (nobreza, elimina a emoção negativa);
- Alegria (demonstra seu senso de inteligência, alivia);
- Coragem (útil para objetivos difíceis);
- Confiança (senso de certeza, fé);
- Curiosidade (abre a novas descobertas);
- Determinação (foco de atenção);
- Gratidão (reconhecimento);
- Paciência (adequação e perseverança);
- Paixão (excitação no agir);
- Resignação (permite alterar objetivos);
- Resiliência (saber tirar o lado bom de tudo).

Na mesma linha, Branco (2004) menciona a Teoria Diferencial de Tomkins-Izard, ressaltando as seguintes emoções e correlações:

- Alegria (aquisição de competências),
- Cólera (injustiça, humilhação);
- Desprezo (superioridade);
- Interesse (atenção);
- Medo (fuga);
- Surpresa e angústia (expectativa);
- Tristeza (separação);
- Vergonha e culpa (responsabilidade).

V - A estrutura das emoções:

O homem conduz suas atitudes e ações através das emoções que sente em determinado momento. Entretanto, poucos são aqueles que conseguem administrar suas emoções e tirar delas o seu melhor proveito. E elas foram feitas justamente para nos auxiliar, embora poucos saibam disso. Para Cameron, Bandler e Lebeau (1993), é comum que as pessoas se retraiam diante do primeiro sinal de uma forte emoção, o que as faz fugirem dos desafios da vida, inibindo seus potenciais e virtudes, limitando-as nas tomadas de decisões e as impedindo de correr riscos.

Estamos sujeitos à relação de causa e efeito entre nossas emoções e nosso comportamento. As emoções efetuam mudanças em nossos comportamentos e fisiologia. O que faz saltar aos olhos o significado de poder e saber gerir as próprias emoções. Atingir essa evolução tem como fator fundamental a compreensão da estrutura das emoções. Para a mudança do estado emocional, basta que reconheçamos um dos elementos que a compõe e seremos capazes de alterá-lo, como veremos a seguir.

VI - Componentes da Estrutura das Emoções:

Para Cameron et al. (1992), existem dois componentes emocionais que podem estar presentes na estrutura das emoções:

- **Esperança:** está associada à sensação de incerteza em relação a algo, postura de passividade.

- **Expectativa:** vinculada à sensação de que algo acontecerá com certeza, movimento ativo em direção a algo.

A partir daí, podemos extrair de uma emoção o seu senso de utilidade, pois cada qual pode ou não ser válida diante de uma situação. O Brasil sempre foi tido como o país da esperança, talvez seja por isso que ainda não conseguimos realizar a mudança necessária para colocá-lo nos trilhos da ética e da legalidade, em nome de uma sociedade mais justa, digna e de uma melhor cidadania.

Para tanto, precisamos ter como ponto de partida a expectativa, de modo que façamos as coisas acontecerem.

Cameron et al. (1992) também ressaltam os elementos emocionais, que são os aspectos importantes que compõem a estrutura da emoção. Se pudermos identificar algum dos elementos da emoção, temos condições de mudar a referência utilizada e passar, prontamente, de uma emoção à outra.

No que se destaca:

- **Referência Temporal:**

    Todas as nossas emoções estão pontuadas no tempo, localizadas entre:

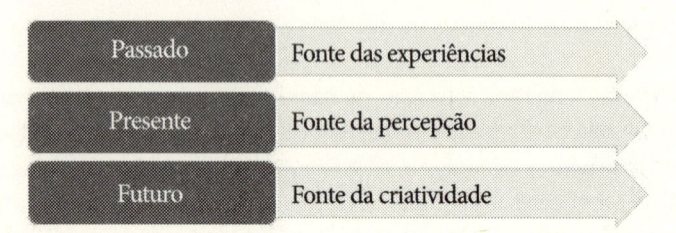

Passado	Fonte das experiências
Presente	Fonte da percepção
Futuro	Fonte da criatividade

    Quando a pessoa muda sua referência temporal em relação à emoção sentida e percebida, ela consegue mudar para a emoção desejada e adequada ao contexto. Se uma emoção tiver projeção no futuro, pense no presente ou no passado; se outra tiver referência no passado, pense no presente ou no futuro. O presente é o melhor tempo para lidar com as emoções e ressignificá-las aos nossos objetivos e qualidade de vida. É onde se encontra a realidade, onde trabalha nosso senso de percepção! Já parou para analisar quanto tempo você perde em devaneios e pensamentos surreais viajando entre o passado e o futuro? Quantas dessas ocasiões não havia qualquer correlação com o momento atual, com a realidade presente? Que eventos passados não possuem condições de se reprisarem e projeções tampouco podem ser concretizadas? Se fizéssemos mais uso do presente, teríamos melhores ferramentas, justamente por conta da percepção que está ativa! Por isso a referência temporal revela-se importante não só na gestão emocional, mas também na reprodução de competência motivacional.

    Por exemplo: arrependimento (passado), tédio (presente), ansiedade (futuro).

- **Envolvimento:**

    O envolvimento refere-se à capacidade que a emoção tem de determinar a postura de uma pessoa diante de uma situação, podendo ser:

- **Ativo** - cria compromisso e capacidade com um objetivo, leva ao movimento (ação), pois estabelece um motivo. Exemplos: ambição, determinação, expectativa;

- **Passivo** - ausência direta de objetivo concreto, inércia. Exemplos: apatia, tédio, esperança.
Aproveito para instigá-los: uma pessoa com motivação interna e engajada possui uma atitude ativa ou passiva? Claro que o envolvimento ativo é o fator que diferencia.

- **Intensidade:**

O processo emocional desenvolve-se de forma gradativa, conforme tenhamos ou não a capacidade de fazer a leitura imediata e adequada da emoção aflorada. Assim, passasse de uma emoção à outra através da mudança de sensações, imagens e diálogos internos, de uma direção à outra, a partir do nível de intensidade. Por exemplo:

Desapontado	Frustrado	Decepcionado
Curiosidade	Motivação	Determinação
Entusiasmado	Feliz	Eufórico

Ao nos permitirmos compreender o atributo funcional da emoção, já no seu primeiro sinal, estaremos viabilizando a mudança de rumo do nosso comportamento, sem que tenhamos que passar para um outro nível de intensidade emocional. Importante referir que ao estarmos diante de uma emoção positiva e construtiva não há sentido de freá-la, pois devemos usufruir ao máximo as sensações advindas. A não ser que o contexto assim o exija, por uma questão de postura, etiqueta ou formalidade.

Por sua vez, ao primeiro sinal de uma emoção negativa, devemos imediatamente ligar o sinal amarelo de atenção para se certificar do que efetivamente estamos sentindo, a fim de despertarmos para o chamado de movimento do atributo funcional dessa emoção.

Ou seja, ouvir o sinal, o chamado para uma ação corretiva!

- **Comparação:**

As pessoas tendem a ter uma maneira dominante de perceber as coisas ao seu redor e de fazer análises de contextos a partir da comparação de:

- Compatibilidade - procura por afinidades, semelhanças, associatividade, positividade.

Exemplos: apreço, ternura, carinho, paixão, respeito, amor.

- Incompatibilidade - tem foco nas diferenças, divergências, dissociatividade, negativismo.

Exemplos: desagrado, indiferença, rejeição, desprezo, desapontamento.

Isso explica aquela velha história sobre a percepção de uma pessoa em relação a um copo com metade de água, se o considera como um copo meio cheio ou o considera um copo meio vazio. Pesquisas apontam que dois terços das pessoas são associativas, procuram por semelhanças, e um terço delas procura por dissociação, pelas diferenças. Para compormos um grupo é importante mesclarmos essas características, uma vez que se tivermos só pessoas associativas, dificilmente teremos inovação, pois haverá uma tendência à concordância, e mesmos pontos de vista. Ao passo que se tivermos só pessoas dissociativas, o clima será de discórdia. Dessa forma, penso que devemos estimular a união desses perfis, visando proporcionar várias maneiras de se chegar a um mesmo objetivo.

- **Ritmo**

A forma como levamos nossas vidas impõe-nos reflexos diretos no estado emocional. Nossas emoções estão diretamente relacionadas ao ritmo com o qual conduzimos nossas ações, sendo:

- **Acelerado** - proporciona emoções ativas, de movimento.

Exemplos: excitação, pânico, ansiedade, impaciência, entusiasmo, raiva, inquietação, expectativa, etc.;

- **Lento** - gera emoções passivas, de espera.

Exemplos: tédio, apatia, paciência, aceitação, satisfação, esperança, etc.

Vida, rotina, postura acelerada, por óbvio que teremos emoções correspondentes. A ansiedade é o mal do século em face do ritmo acelerado imposto pela sociedade atual. Precisamos atingir o equilíbrio, esse é o alvo para que se tenha qualidade emocional. Cameron et al. (1992) ainda destacam que a respiração é extremamente útil para alterar o ritmo e mudar o estado emocional.

Claro que temos consciência de que determinadas atividades demandam um ritmo acelerado, enquanto outras exigem um ritmo lento. Mas dentro daquela linha de nível ótimo, os extremos sempre serão prejudiciais e a inadequação do ritmo pessoal ao da atividade exercida será prenúncio de resultados insatisfatórios e desconforto.

VII - Gerindo as Emoções:

Estamos diante de algo que compete a cada um de nós, sobre o qual somos os únicos e exclusivos responsáveis – e capazes – de intervir a qualquer momento, qual seja: nossa gestão emocional.

Mais uma vez, é uma questão de prática, de novos e construtivos hábitos. Dominar os elementos que compõem a estrutura das emoções é o melhor ponto de partida. Importante que saibamos que nossas emoções se assemelham aos músculos do corpo, quer dizer, com treino, prática e disciplina, elas se desenvolvem.

Se criarmos a dita memória muscular ao nos acostumar com determinada atividade física, com o desenrolar da prática reiterada na gestão das emoções, por certo criaremos a memória de excelência emocional. É ela que paga o nosso resgaste quando nos encontramos na condição de reféns das próprias emoções.

- **Critérios:**

A Gestão Emocional fornece os meios pelos quais usualmente lidamos com as emoções e, por vias de consequência, leva-nos à competência motivacional, dado o já mencionado nexo de causalidade. Sob a ótica dos ensinamentos de Cameron et al. (1992), isso ocorre através da utilização dos seguintes critérios:

I. Omissão: evitamos qualquer situação que possa nos levar a emoções dolorosas. Contudo, devemos aprender qual o significado dessas emoções para darmos um passo positivo a um novo padrão. Exemplo: evitar um novo relacionamento, negar um emprego desafiador.

II. Negação: finge-se que nada existe, que não é tão doloroso assim, o que só cria mais dor interna. Não se pode ignorar a mensagem que a emoção nos passa. Exemplo: permanecer num relacionamento problemático ou num emprego que não o satisfaz.

III. Comparação: tenta-se demonstrar que a sua emoção negativa é mais dolorosa, mais penosa que a dos outros, esquece-se de compreendê-la e usá-la em seu favor. Exemplo: aceitação, tédio, depressão.

IV. Compreensão: é o critério mais adequado, pois, ao compreender, interpretamos o sinal que a emoção nos transmite, fazendo com que ela trabalhe em nosso favor e que a emoção cumpra com sua função. Exemplo: o que essa situação está querendo me dizer? O que eu preciso fazer?

- **Funções:**

Para eleger o caminho da compreensão precisamos saber os propósitos e as funções exercidas pelas emoções, ciente de que todas são benéficas, sejam elas positivas ou negativas. Afinal, aponta Reeve (2005), elas dirigem a atenção e canalizam o comportamento para o que for necessário, conforme as circunstâncias enfrentadas. As emoções existem como soluções para os desafios, estabelecem nossa posição no ambiente e nos abastece com respostas específicas para sobrevivência física e social.

Assim, destacam-se as funções abaixo, conforme Ekman (1993):

Diretiva	É isso o que eu quero...
Informativa	É assim que eu me sinto...
Advertência	É isso o que eu vou fazer...

- **Avaliação**

Ao analisarmos nossas emoções sob a ótica motivacional, fazemos uso de critérios subjetivos de avaliação em determinado contexto. Estabelecemos uma espécie de validação da situação – o que corrobora com a nossa busca de competência, autonomia e relacionamento, dentro do sistema de autorregulação – num exercício maiêutico, conside-

rando os seguintes critérios, como segue:
- Agradabilidade – Será bom ou ruim?
- Capacidade de Enfrentamento – Terei êxito? Quanto esforço vou dedicar?
- Compatibilidade – É aceitável moralmente? Condiz com meus valores?
- Expectativa – Qual a perspectiva de ocorrência?
- Legitimidade – Qual participação no processo de decisão?
- Relevância Pessoal – Importa ao meu bem-estar?
- Responsabilidade – Quem é o gerador do evento?

- **Capacidades:**

Nossa capacidade de lidar com as emoções é fator determinante da orientação que vamos seguir para gerir ou não o nosso estado emocional. Cameron et al. (1992) definem que o caminho da escolha emocional, direcionadora de nosso comportamento, a partir da emoção eleita, passa por quatro capacidades:

1. **Colocação:** a capacidade de reagir a situações cotidianas com o uso das emoções que sejam apropriadas e úteis;

2. **Expressão:** a capacidade de escolher como expressar suas emoções em cada contexto;

3. **Emprego:** a capacidade de usar emoções desagradáveis para gerar comportamentos úteis e emoções agradáveis;

4. **Prevenção:** a capacidade de evitar vivenciar algumas emoções opressoras e imobilizadoras.

- **Finalidade das Emoções Negativas:**

Se por etimologia temos que as emoções são um chamado de um movimento para fora, Cameron et al. (1992) ressaltam que as emoções negativas servem para nos colocar em ação, constituindo-se em um dom, um sistema de suporte e orientação para que tomemos uma atitude. Ou seja, a emoção lhe diz que o que você fez até agora não está dando certo. É preciso mudar de direção, a maneira de se comunicar, iniciar uma nova ação, mudar a maneira de pensar, de perceber, seus procedimentos, seus comportamentos, entre outros.

O que é reforçado por Ekman (2011), que afirma que nossas emoções são os nossos melhores guias, direcionando-nos e dizendo-nos o que é correto para a situação e que as emoções negativas nem sempre são vivenciadas como desagradáveis. Heath (2010) menciona que as emoções negativas existem para motivar ações específicas, ajudando-nos a evitar riscos, a enfrentar problemas e tendem a causar um "estreitamento" em nossos pensamentos. Por conseguinte, as emoções positivas são projetadas para "expandir e construir" nosso repertório de pensamentos e ações, ampliando o universo que queremos investigar, deixando-nos mais abertos a novas ideias.

A mensagem é que você é quem controla suas emoções. A emoção não pode controlar você. Não podemos nos permitir sermos, como dito alhures, reféns emocionais! Aliás, aprecio muito o termo refém emocional, pois ele representa muito bem a forma como somos prisioneiros de nossos estados mentais e condicionamentos decorrentes de determinadas emoções. Precisamos, urgentemente, libertarmo-nos desse cárcere inconsciente, sem a necessidade de pagarmos reiterados "resgates" com altos custos emocionais. Através do aprendizado, disseminando a cultura da educação emocional, podemos nos livrar em definitivo. Isso tem o condão de salvar vidas! Se você duvida, pense no caminho emocional tortuoso percorrido por um suicida.

Eu, particularmente, perdi três amigos que "resolveram" seus problemas a partir do suicídio. O último deles fez o registro do ato através de um áudio de WhatsApp, com mais de vinte minutos, o qual chegou até mim por terceiros. Ouvir o relato de um amigo agonizando em seus últimos minutos de vida, explicando a sua escolha, desabafando sobre os fatores que o levaram a tal conduta, ouvir uma menção de meu nome, entre os amigos dos quais se despedia, com um pedido de desculpas pela atitude extrema, seguido de um espasmo de lucidez ao dizer "... eu sou um merda mesmo, olha só o que que eu fui fazer, sou muito burro, agora não tem mais volta...", isso transforma a sua vida.

Temos o compromisso, a obrigação moral, social, de despertar nas pessoas o interesse e a importância da educação emocional. Viabilizar o acesso à informação que as empoderem a se autogerir em suas emoções, de modo a superar os obstáculos inerentes à vida. Isso precisa ser de domínio público.

Lembre-se: você é quem cria suas emoções e é a própria fonte do sentir, tendo plena capacidade de direcionar suas emoções para cada momento da vida, utilizando a mais adequada a cada situação enfrentada. Ao controlar suas emoções você passa a ter autoconhecimento, passa a ter o melhor controle de sua vida.

Nas palavras de Manes (2005), devemos desenvolver nossa metacognição, ou seja, nossa capacidade de monitorar e controlar nossa própria mente e comportamento, o que passa pelas emoções. Ekman (2011) atesta que para sermos capazes de modelar nosso comportamento emocional, de modo a escolher o que dizer ou fazer, temos que ser capazes de saber quando ficamos ou estamos ficando emocionados. Aquilo que dispara uma emoção ele denomina de gatilho emocional, o qual precisa e pode ser reconhecido e disciplinado.

- **Atenciosidade:**

Na lição de Ekman (2011), a habilidade necessária para reconhecer e disciplinar nossas emoções chama-se atenciosidade, no que ressalta que a maioria das pessoas raramente está atenta as suas sensações emocionais. Então, é importante ter em mente que é possível desenvolver essa atenciosidade. Uma parte fundamental nesse caminho de aumentar nossa atenciosidade é estimular a capacidade de identificar nossos próprios gatilhos emocionais quentes e adotar medidas para enfraquecê-los. O objetivo não é ficarmos desprovidos de emoção, mas termos mais escolhas, depois que nos emocionamos, para sabermos como vamos representar aquela emoção.

Sendo assim, ao identificar nossos próprios gatilhos, urge mudarmos nossas ações quando nos emocionamos, de forma que o nosso comportamento não prejudique os outros ou a nós mesmos. É preciso ter a consciência de cada rompante, isto é, conscientizarmo-nos do impulso emocional, antes da execução das ações.

VIII - Reprodução de Competência Motivacional:

Uma vez entendida essa correlação das emoções, tomando ciência de sua estrutura, seus elementos, seus atributos funcionais, seus critérios e as suas habilidades de escolha é possível desenvolver as competências necessárias, agregando novos conhecimentos, de maneira a se reproduzir a motivação a partir de novas atitudes. O ponto de partida está na nossa capacidade de termos o poder de:

- Persuasão
- Empatia

Bandler e La Valle (1999) referem que a persuasão está atrelada ao modo como podemos ajudar as pessoas a tomarem a decisão certa. Por sua vez, a empatia é uma excelente emoção que serve como instrumento de motivação, sendo composta pela compreensão sobre o estado e o sentir da outra pessoa. Tais autores apontam que se deve demonstrar compreensão através de comportamentos, afinal, tudo o que se vende são sensações e emoções.

Interessante o ponto de vista colocado pelos autores, uma vez que precisamos convencer-nos e aos outros sobre abraçar uma causa, meta ou objetivo. Para isso, realmente precisamos saber persuadir, fazer com que adiram a nossas ideias pela via comportamental, a qual advém da emoção desejada. Em outras palavras, encontrar correspondência através das emoções despertadas.

- **Método Emprint:**

O processo de reprodução de competência através das emoções é denominado por Cameron et al. (1992) como Método *Emprint*. Na sua essência, os comportamentos internos incluem emoções e processos de pensamento, referindo que entre indivíduos que manifestam os mesmos comportamentos em um determinado contexto particular, há uma notável semelhança nos padrões de processamento interno.

Segundo Cameron et al. (1992), tal método ressalta a importância da diferença entre o prever e o desejar:

- Prever: quando previmos, sentimos algo certo, determinado, consideramos apenas a possibilidade do êxito;
- Desejar: quando desejamos, parece incerto, consideramos tanto o conseguir quanto o não conseguir.

Transporte isso para dentro de sua realidade. Veja que não basta desejarmos, é preciso que façamos uma previsão desse desejo, com sua materialização mental, para gerar a determinação a sua realização.

Depreende-se dessa concepção que você pode não ter a mesma história pessoal de alguém bem-sucedido, mas pode reproduzir os mesmos processos internos para ter o mesmo comportamento. Interessante que esse método utiliza o elemento de referência temporal da estrutura das emoções, princípio organizador de tempo em passado, presente e futuro, em que:

- O Ontem (base da padronização, é informativo)
- O Hoje (fonte da experiência sensorial direta, percepção e estrutura temporal da ação)
- O Amanhã (perspectiva, possibilidade).

Pelo método *emprint*, tudo gira em torno do presente. Quando recordamos o processo, isso ocorre no agora; quando imaginamos as percepções, isso também ocorre no hoje. O objetivo é compreender como um indivíduo faz o que faz e entender como reproduzir um resultado desejado através de imagens internas (previsão) e diálogos consigo mesmo. Por isso, as estruturas temporais formam uma parte importante dos nossos processos internos e desempenham um papel relevante e influente na determinação de nossas experiências pessoais e no direcionamento de nossas reações comportamentais. Cameron et al. (1992) referem que é preciso seguir os seguintes procedimentos:

- Estabelecer uma meta (de comportamento);
- Assumir um compromisso (com o comportamento previsto);
- Fazer uso da referência temporal (situar no tempo);
- Criar atividades e suas variáveis (para se chegar ao comportamento desejado);
- Estabelecer os critérios a serem utilizados (valores pelo quais avaliamos, utilidade, vantagem).

Além disso, sugerem que se selecione aquilo que seja possível, que valha a pena, que seja coerente, que realmente lhe dê o que você quer (projetar as emoções que se quer obter com seu objetivo). Indicam, ainda, que as atividades são as etapas, na mesma linha maiêutica, a partir das presentes indagações:

1. *O que fazer?*
2. *Em que situações?*
3. *Quando fazer?*
4. *Onde fazer?*

5. *Por que fazer?*
6. *Como você...?*
7. *O que é importante para você quando...?*
8. *Você pensa como foi, como é ou como será?*
9. *O que... (critério) significa para você?*
10. *Você vivenciou ou projetou?*
11. *No que presta atenção quando...?*

Isso representa entender a si mesmo (autoconhecimento), entender os outros (empatia), para que haja aquisição do novo comportamento através da emoção. Conforme Cameron et al. (1992), devemos atentar aos critérios, uma vez que as escolhas que fazemos na vida só podem ser entendidas à luz dos critérios (valores) que usamos. Como costumo dizer: não culpe as suas escolhas, culpe os seus critérios.

Devemos nos ater à importância dos sistemas representacionais básicos (visão, audição, paladar, olfato e tato, em que pese já tenhamos mais de vinte catalogados, como dito antes, mas é preciso simplificar) conquanto eles indiquem qual sistema sensorial uma pessoa precisa para atender a seu critério.

A luz de um viés de aprendizado tradicional não há nenhuma comprovação concreta sobre a melhor eficácia de um ou outro sistema representacional, conforme o padrão da pessoa. Contudo, em se tratando de reprodução de competência através das emoções, o sistema representacional deve ser observado.

- **Relação de Causa e Efeito:**

O nexo de causalidade serve para indicar os parâmetros das associações que fazemos, o ponto de partida e o ponto de chegada, a forma como os elementos da referência temporal – mais uma vez presentes – influem no direcionamento da ação a ser adotada, a partir da emoção utilizada. Daí a relevância dessa relação de causa e efeito na busca da orientação desejada:

- **Passado:** Fonte das informações.
I. O que funcionou e não funcionou?
II. O que fiz? O que não fiz?

- **Presente:** Compreensão do que está acontecendo.
I. O que é preciso fazer agora?

II. O que não é preciso fazer agora?

- **Futuro:** Projeções com base nas referências.
I. O que pode acontecer?
II. Quais serão os efeitos?

Curiosamente, o pai da maiêutica, Sócrates, foi um dos pioneiros ao abordar sobre o tema das emoções. Sua técnica, hoje, é fundamental ao desenvolvimento da gestão emocional e motivacional, o que se vê presente em diversos formatos nas técnicas de coaching.

- **Procedimentos:**

A partir do método de Cameron et al. (1992), para se atingir a competência motivacional, a pessoa precisa adotar os seguintes procedimentos:
I. Identificar as necessidades e os valores pessoais;
II. Desenvolver um plano de como dar o que ela precisa e atingir seus valores;
III. Reconhecer ou criar o momento certo de receptividade;
IV. Colocar em prática o plano.

Por isso, sugerem que se aprenda a criar variáveis, identificando ao menos três comportamentos apropriados e úteis para atender aos seus critérios, representando-os para si internamente. Antes de fazer algo, lembre-se do que aconteceu da última vez, em uma situação análoga, procurando-a com base em situações de excelência nas quais você superou adversidade e saiu-se bem-sucedido.

Todos nós temos um exemplo de comportamento de primazia. Basta uma procura criteriosa e você encontrará o seu paradigma emocional de excelência.

- **Valores e Crenças:**

Falamos muito em valores quando nos referimos à busca de propósito, alinhamento e identidade para se chegar ao engajamento. Entretanto, percebe-se que poucas pessoas conseguem ter a clareza do que sejam os valores e o que efetivamente representam para si. Talvez seja essa uma das principais razões para que se tenha tanta dificuldade de direcionamento.

Por isso, considero esse tópico esclarecedor e de grande valia ao empoderamento das pessoas. Dito isso, na mesma linha de Cameron et al. (1992), Robbins (2007) afirma que os valores são os sistemas específicos (subprodutos) das crenças que possuímos sobre o que é certo ou errado para nossas vidas. São as coisas que as pessoas acreditam ser possíveis ou impossíveis e que o nosso comportamento é o resultado do estado (emocional) em que nos encontramos.

Conforme Robbins (2007), os valores se revelam como um dos mais importantes instrumentos para se descobrir como uma pessoa trabalha e se movimenta, uma vez que possuem um enorme poder emocional, pois são os recursos de motivação mais poderosos que temos. Destaca, também, que muitos conflitos que as pessoas têm na vida resultam, justamente, de valores conflitantes.

Logo, você precisa saber:
- O que você quer?
- Quais seus valores primários?
- Qual é a sua hierarquia de valores?

Em resumo, você necessita ter claro o que deseja, o que você acredita e sua ordem de prioridades para ter um norte.

Para Robbins (2007), as crenças são os filtros pré-arranjados e organizados para nossas percepções de mundo, pois se quisermos modelar excelência, precisamos aprender a modelar as crenças daqueles que alcançaram excelência. Afinal, segundo ele, o cérebro simplesmente faz o que é mandado e uma crença é um forte estado emocional de certeza. Sobre a imaginação e as crenças, Robbins (2007, p. cita Anton Tchecóv): "O homem é o que ele acredita".

Indica, ainda, de onde vem as nossas crenças:

I. Ambiente (determinismo do meio)
II. Acontecimentos (experiências)
III. Conhecimento (informação)
IV. Resultados anteriores (referências)
V. Previsão (projeção, expectativa)

Exemplos de crenças:

- Tudo tem uma finalidade;
- Não há fracasso, mas resultados;
- Assuma a responsabilidade pelas coisas;
- As pessoas fazem a diferença;
- Equilíbrio entre prática e conhecimento;
- Prazer no que se faz;
- Compromisso e confiança;
- Foco e postura.

Por sua vez, conforme aponta Manes (2015), esse tipo de modelação e percepção é por demais importante, conquanto, o hemisfério esquerdo do cérebro se encarrega de ser "o intérprete", criando histórias e crenças para explicar os eventos internos e externos. Assim dá à pessoa um sentido de unidade, a partir de um relato coerente para nossa consciência, armando uma narrativa pessoal baseada tanto em premissas verdadeiras quanto falsas. Por isso, Manes (2015) destaca a necessidade de fazermos uso da neuroplasticidade, que é a capacidade que o sistema nervoso possui de se modificar e adaptar-se às mudanças. Ou seja, não há razões ou justificativas para não mudarmos em prol de nosso próprio benefício e bem-estar.

Já que temos à disposição, precisamos fazer uso desse mecanismo que permite aos neurônios se reorganizarem, ao formar novas conexões e ajustar suas atividades, em resposta a novas situações e alterações no entorno.

Manes (2015) situa a inteligência como um conjunto de recursos e outras habilidades dentro de uma esfera emocional, motivacional e interpessoal. Com base nessa definição, não faz mais sentido nos prendermos às análises restritas às competências técnicas dos indivíduos. Obter informações sobre os valores e crenças, facilita, de um lado, a interpretação do gestor em relação às referências motivacionais das pessoas; de outro, permite o empoderamento a partir de tomadas de decisões mais consistentes.

IX - Teoria da Mente:

O ser humano, segundo Manes (2015), é basicamente uma criatura social, concluindo que o grau de vitalidade depende de suas interações sociais, quer dizer, do caráter dos vínculos que a pessoa estabelece com os outros. Um princípio que nos permite melhor relação entre as pessoas é a capacidade que temos de nos darmos conta de que os outros possuem desejos e crenças diferentes dos nossos e que os seus comportamentos podem ser explicados em função deles. Precisamos entender os outros!

É o que as neurociências denominam de Teoria da Mente. Manes (2015) acrescenta que nossas decisões morais estão intimamente ligadas às emoções e que a empatia possui papel crucial na motivação e nos aspectos sociais na tomada de decisões.

O que converge com a nossa ânsia por satisfação nos relacionamentos. Na mesma linha que sempre utilizei como base, de que nossas relações devem ser guiadas por uma via de mão dupla. A bendita reciprocidade!

X - Sistemas de Representação:

Robbins (2007) afirma que precisamos descobrir nosso principal sistema representativo. Refere que é necessário buscar no sistema de representação dominante os nossos padrões emocionais motivadores. Há que se dar também relevo maior ao aspecto fisiológico – mencionado na estrutura das emoções –, já que, para ele, a fisiologia é a alavanca para a mudança emocional e que o seu mais importante corolário é a congruência. Até porque a harmonia é o instrumento final para produzir resultados com outras pessoas. Semelhanças tendem a resultar em harmonia. Portanto, focalize nas semelhanças e evite salientar diferenças para não se desarmonizar.

Segundo Robbins (2007), todo comportamento humano gira em torno da ânsia entre obter um prazer ou evitar uma dor, razão pela qual a pessoa sempre vai antes evitar uma dor a vivenciar um prazer, face ao sistema de defesa presente nas emoções primárias. Por isso, a avaliação entre o conflito dor e prazer é relevante na escolha das emoções norteadoras. Acrescenta, ainda, que as pessoas se guiam por dois balizadores, como segue:
- Associação – busca pelas semelhanças;
- Dissociação – busca por diferenças.

Como vimos, na mesma linha do critério de comparação de Cameron et al. (1992), também presente como elemento da estrutura das emoções. A sua maneira, sugere como ferramenta a reestruturação:

- De contexto, mudar do ruim para o bom.
- De conteúdo, mudar o significado, mudar a maneira como absorve uma situação, é mudar o significado de uma experiência ou comportamento.

XI - Senso de Realidade e Atração:

Outro ponto, para Cameron et al. (1992), é o senso de realidade, pois o que você acredita ser real afetará profundamente suas emoções e ações. A questão é que não reagimos ao que é real, reagimos ao que pensamos ser real. É o futuro imaginado que pode determinar o comportamento de uma pessoa no presente. Ekman (2011) corrobora ao afirmar que a imaginação é ainda outro meio de provocar uma reação emocional, demonstrando a necessidade que temos de assumir o controle das emoções de modo a estarmos próximos da realidade.

Sabemos que as emoções mudam nossa forma de ver o mundo e de interpretar as ações das outras pessoas. Entretanto, não procuramos descobrir por que sentimos determinada emoção. Em vez disso, procuramos confirmá-la. Para assumirmos o controle, temos de nos conscientizar de quando estamos agindo emocionalmente.

Cameron, Bandler, Lebeau (2003) destacam a necessidade de despertarmos a atração, pois quando nos sentimos motivados, é porque imaginamos um resultado final atraente. Na verdade, para tais autores, a característica principal da motivação é a atração. Por isso, ao prevermos (previsão) algo, criamos atratividade, buscamos trazer para a realidade a materialização de nosso desejo. A meu ver, ampliando a importância e dando sentido à tangibilidade das metas e objetivos.

Ocorre que insistimos em atrair dissabores, por conta das incontáveis vezes em que sofremos por conta de nossa fértil imaginação. Em razão disso, desperdiçamos nossa criatividade, quando podemos buscar suporte em nossa percepção, no presente, para prever e projetar situações construtivas e positivas. Mera questão de postura e critério.

Afinal de contas, grande parte de nossas "dores" advém de nosso distanciamento da realidade. Sofremos por dores virtuais, imaginárias. Na sociedade tecnológica em que vivemos, cada mais mergulhamos em realidades virtuais, o que muito se estimula e pouco se questiona sobre os malefícios, em especial na nossa capacidade de percepção.

O que reforça a minha posição de que precisamos trazer as pessoas para dentro de suas realidades, como visto anteriormente, naquilo que denominei de princípio da realidade ou realismo motivacional.

XIII - Emoções chaves:

Ekman (2011) acrescenta que algumas emoções são primordiais para se chegar à motivação, destacando que para motivar a si ou alguém, a emoção-chave que se deve mirar é o orgulho, o qual requer um difícil desafio e um sentimento favorável da pessoa a respeito de si mesma, no momento de uma conquista. O que leva, por vias de consequência, à outra emoção-chave que é o reconhecimento, cuja maioria das pessoas busca conquistá-lo em qualquer que seja a sua atividade ou ambiente.

Por conseguinte, Ekman (2011) cita a elevação, pois se sentir elevado é algo que nos motiva a sermos pessoas melhores, levando-nos a outro padrão. O que, no meu ponto de vista, alinha-se com a busca pela autorrealização. Ekman (2011) também destaca que as pessoas cujas pontuações nos testes de personalidade são altas em extroversão e estabilidade emocional relatam maior felicidade. Ademais, cita Christopher Peterson, especialista nesse campo, o qual sugere o otimismo como uma atitude acerca da probabilidade de vivenciar emoções agradáveis.

Curiosamente, diversos estudos sugerem que as pessoas otimistas gozam de melhor saúde e, realmente, vivem mais. Por fim, Ekman (2011, p. 210) menciona:

> "Assim como Tomkins, acredito que a busca da satisfação é uma motivação primária em nossas vidas."

Isso, a bem da verdade, deve ser uma ambição em todas as nossas áreas da vida.

XIII - Mudança:

A mudança é um grande desafio do ser humano. Nossos condicionamentos mentais nos levam à zona de conforto na execução de ações inconscientes no dia a dia. Estudos apontam que quase 90% de nossas condutas rotineiras ocorrem em nível inconsciente, com destaque para a posição de Walter German. De um lado, o cérebro poupa energia, de outro, permite-nos dirigir nossa concentração para aquilo que consideramos mais relevante.

Mudar significa criar novas sinapses, exige mais esforço e atenção, superação de etapas, para que se registrem essas novas conexões neurais. Por mais trabalhoso que possa ser, a neuroplasticidade – como dita alhures por Manes – está a nossa disposição para atingirmos outros patamares de competência em qualquer área de atuação. Para tanto, é preciso querer e entrar em ação.

Os irmãos Heath (2010), neurocientistas estudiosos das emoções, mencionam que se pensamos em mudar – já que o foco está centrado em adquirir uma nova competência – é o aspecto emocional (o qual os autores chamam de Elefante) que faz as coisas acontecerem. Afirma que, muitas vezes, a oposição que surge no meio do processo é mera falta de clareza, pois a incerteza ou ambiguidade dificulta a adoção de novos comportamentos concretos. Para os autores, é preciso pensar no comportamento específico que desejamos ver num momento difícil, ter metas comportamentais admiráveis com componente emocional, pois uma meta genérica facilita a racionalização do fracasso. Dessa forma, tais metas devem ter relevância para ter ressonância emocional.

Portanto, se quisermos que as pessoas mudem, teremos que lhes dar instruções muito claras sobre o que – e como – exatamente é preciso fazer de diferente e despertar a necessidade de uma reação emocional à mudança. A clareza desfaz a oposição, apontam. Aliás, para disseminar a filosofia dos pontos positivos, Heath (2010) revelam a relevância de se questionar:

"O que está funcionando e como posso aproveitar melhor o resultado?"

Para eles, sempre que temos um ponto positivo, devemos cloná-lo, para que sirva de paradigma e gere confiança na mudança pretendida. Assim, tem-se um ponto de partida sólido e um destino sólido (meta clara). Heath (2010, p. 109) mencionam Kotter e Cohen, para os quais:

"... o âmago da questão é sempre mudar o comportamento dos indivíduos [...] influenciando não só os pensamentos, mas também as emoções, e que em quase todas as mudanças bem-sucedidas observa-se a tríade ver-sentir-mudar [grifo nosso]."

Grosso modo, a mudança não é simplesmente de um hábito para outro, mas sua essência está em mudar de uma emoção para outra. Cada comportamento condicionado vai estar associado a uma emoção, da qual não queremos nos desfazer. Agora, se você tiver a convicção de que uma emoção melhor ou mais intensa e benéfica estará vinculada à mudança, por certo irá se permitir percorrer o caminho para conquistar um novo comportamento.

- **Disciplina do Hábito:**

O hábito serve como uma ferramenta capaz de ensinar aquilo que não nos é natural seja um comportamento, seja uma competência, etc. Temos nossas rotinas e manias e elas, por certo, decorrem de nossos hábitos. Para Robbins (2007), quebrar essa zona de conforto exige conhecer as fases que compõem esse processo para exercer a disciplina da mudança para melhor, conforme segue:

Fases de Aquisição do Hábito:

I – Ignorância – Você desconhece o comportamento
e o hábito. Estado inconsciente e sem habilidade.
II – Experimento – Você conhece o comportamento,
mas não tem a prática. Estado consciente e sem habilidade.
III – Concentração – Você procura sentir-se confortável
com o comportamento. Estado consciente e com habilidade.
IV – Naturalidade – Você não precisa mais pensar, pois
já adquiriu a habilidade. Estado inconsciente e habilidoso.
Lembrando sempre: hábito nada mais é do que o resultado da prática.

- **Poder da Sugestão:**

O poder da sugestão decorre do desejar com imensa intensidade. É o conduzir a sua forma de pensar, direcionar seu pensamento à emoção desejada. Segundo Robbins (2007), são as nossas emoções, e não nossa inteligência, que guiam nosso modo de agir. Aqui está a chave! As emoções alteram nossa fisiologia, conduzem nossas ações e reações. No que exemplifica:

Ex.: ira, compaixão, afeto, alegria, medo, amor, etc.

Sugere, ainda, alguns questionamentos em nome de um objetivo: Quais os prêmios pela dedicação e disciplina por (ex.: sorrir) regularmente? Resposta, ex.: influência, empatia, felicidade e significado na vida.

Robbins (2007) refere que também podemos chamá-lo de poder interno. Toda a definição de nossa essência decorre de dentro para fora. Visto que temos a capacidade de criar um círculo virtuoso a partir de nossa fonte interna, gerando sintonia entre corpo, mente e alma. O hábito faz a vida!

Hábito positivo = vida positiva = resultado positivo
Ex.: durante a leitura de um livro atente às representações mentais que você produz e observe às reações delas decorrentes.

Você ficará fascinado com a sua capacidade de transformar palavras em imagem, frases em cenas, bem como de alterar suas emoções conforme conduz seu processo interno diante de algo. Um processo imaginativo e de projeção que tem o condão de transformá-lo, mesmo que não haja qualquer correlação com a realidade. Você não faz juízo de viabilidade, a intensidade é tamanha que você apenas mergulha. Ainda tem dúvidas desse poder?

- **Ação negativa:**

O ser humano costuma não se adequar a condutas que lhe exigem o não fazer, a adotar ações negativas. Na linha de Robbins (2007), somos canais de comunicação, similares a antenas que captam um sinal. Se quiser um sinal negativo, você o terá. Mas se preferir um sinal positivo, a escolha é sua, pois depende apenas de você. Sua resposta será sempre mais efetiva se estiver diante de algo positivo, que lhe acrescente algo, não que lhe subtraia. Quem de nós gosta de perder? Agora, se for para ganhar, nos transformamos. Então, ensina Robbins, se estiver diante de uma situação negativa, converta-a numa ação positiva que a anule.

Diante de uma mágoa sugere que diga, por exemplo:
Eu amo (alguém, algo) como a mim mesmo.
A resposta dada por ela me deixou levemente aborrecido.
Você consegue perceber a leveza na resposta, na sensação?

- **Ação positiva:**

Nosso foco, atesta Robbins (2007), tem de estar centrado no pensamento positivo para que possamos construir estradas que nos conduzam a resultados e a destinos positivos. Se eu tenho o poder de escolher, por certo que o melhor caminho é do bem, é o de somar. Portanto, seja o canal de comunicação positivo, reflita, reforce, use-o como suporte. Crie um norte, vincule, a exemplo: saúde, felicidade, sucesso, longevidade, dinheiro...

O amor e a alegria são as chaves para uma vida, para a cura, para a saúde, no que ele traduz em versos: "Não busque Deus nas alturas, mas no seu interior. Pois o verdadeiro nome de Deus, no homem, é o Amor!"

Tenha presente que você sempre tem a escolha, o direito de optar pelo viés positivo, em tudo na vida.

- **Poder do Hábito:**

O melhor ponto de partida está em começar por criar o hábito da felicidade, afirma Robbins (2007). O hábito nos conduz no piloto automático. Por isso que tudo o que for efetivamente construtivo e positivo para cada um de nós, será aqui repetido, fazendo jus a ditado que reza que a "repetição é a mãe da perfeição".

O hábito rege a vida, a conduta humana é movida por estímulos, os quais derivam de nossas emoções, as quais guiam nossos pensamentos, que disparam nossas palavras e que resultam em nossas ações. Quando você se deparar com algo que já foi dito no decorrer dessa obra, não estranhe. Foi reiterado, intencionalmente, para a sua melhor compreensão, foi pensado e escrito para o seu bem! No final, você sentirá os efeitos positivos disso tudo que foi feito agora. E como não estamos no fim, também por aquilo que ainda está por vir!

As emoções negativas são depressivas, alteram a nossa produção hormonal e causam doenças. Como dissemos, afeta a nossa motivação neuroquímica, numa relação de causa e efeito que não podemos controlar depois do disparo hormonal no organismo.

Ora, como se combate o fogo? Com água. Como se combate emoções más? Com boas. Como se combate a tristeza? Com alegria. Afinal, quem é que rege os nossos hábitos? Eu, no meu caso! E no caso de quem está lendo agora: você! Isso mesmo! Psiu! Não disfarce! Não precisa olhar para o lado! É de você mesmo que estou falando! Sorriu?! Deu aquela risadinha de canto de boca?! Ei, então, assuma o controle do que já era seu.

Hoje, em muitas das práticas em gestão de pessoas dá-se comida para quem tem sede e água para quem tem fome. Isso se deve a mais absoluta falta de interesse sobre a informação de como as pessoas funcionam, como se comportam, como reagem, como sentem. O foco no resultado não permite olhar o que está na frente, a um palmo, das lideranças!

- **Poder do Inconsciente:**

Nossas ações, condutas e comportamentos derivam maciçamente de nossas respostas e estímulos inconscientes. A forma como tomamos banho, dirigimos, percorremos um caminho, fazemos uma refeição, via de regra, possui um mecanismo de automatismo que nos faz ter as mesmas posturas para determinadas situações.

Experimente, agora, lembrar por qual parte do corpo você começa a tomar banho. Localizou? Então pense por qual parte do corpo você termina o seu banho. Faça um teste: tente tomar seu próximo banho invertendo o processo. Inicie pela parte do corpo por onde você costuma terminar seu banho e finalize-o pela parte por onde habitualmente o inicia.

Obrigado! Tenho certeza de que vai se atrapalhar, em seguida vai rir e dizer: O "maldito" tinha razão!

Sinto muito, mas a razão não é minha, você é o responsável pela ciência ter feito tais descobertas sobre o comando inconsciente.

As associações que fazemos decorrem dos nossos padrões de comportamento. E o significado delas é uma questão de foco. Podemos utilizar como metáfora a câmera fotográfica. Se você, durante uma festa de casamento, tirar uma foto de um casal que está triste, de cara fechada, por ter discutido, e resolver, dias depois, mostrar a foto a outras pessoas, o que elas pensariam sobre a festa? Por óbvio, diriam que a festa estava ruim.

Por sua vez, se você tirar uma foto das pessoas alegres e dançando, ao revelar a foto a terceiros, quem a visualizar pensará que a festa estava ótima. Assim é a ótica da vida! É uma questão de direcionamento do foco, uma opção de escolha para o alvo certo.

Portanto, segundo Robbins (2007), é necessário que você focalize por aonde quer ir, para ter a certeza aonde vai chegar. Para mudar, você precisa decidir o que quer, para ter a referência de onde se quer chegar. Assim, você está buscando um motivo para a ação!

A mudança se concentra no seu "por que" (mudar), e o "como" (mudar) será mera consequência.

XIV - Recompensas:

Heath (2010) ilustram dizendo que o Elefante (aspecto emocional) detesta qualquer coisa que não gere recompensa imediata. Por isso, o processo deve incluir vitórias e resultados de curto prazo que gerem o reconhecimento. Assim, as conquistas projetadas devem ser significativas e estar ao alcance (tangíveis). Para mudar o comportamento é preciso transformar a mudança numa questão de identidade. Ou seja, a pessoa tem que se identificar com aquilo que almeja alcançar. Por isso, o propósito, pelo significado, é mais forte que uma meta! Heath (2010, p. 161) citam as três perguntas sugeridas por James March:

- Quem sou eu?
- Que tipo de situação é essa?
- O que alguém como eu faria nessa situação?

Vemos, reiteradamente, que tudo passa por perguntas e que o processo maiêutico é algo inevitável e indispensável para chegarmos a autorrealização. A base de nossa motivação está nas perguntas que fazemos diante dos desafios que nos são postos, cujas recompensas são meros reflexos de nossas respostas, as quais orientaram nossas ações.

- **Código Mental**

Heath (2010) revelam a quão importante é conseguir se determinar o código mental de cada pessoa. Para os autores, ele está dividido em:

I. Código Mental Fixo – O indivíduo acredita que suas habilidades são fundamentalmente estáticas, tenderá a evitar desafios, porque terá medo de falhar, do fracasso, sendo refém das referências pessoais. O "mente fechada", popular cabeça-dura.

II. Código Mental Construtivo – A pessoa acredita que as habilidades podem ser construídas por meio de prática, aceita desafios, admite o risco do fracasso como parte natural do processo de mudança, possui uma defesa contra o derrotismo, exerce flexibilidade e confiança num novo padrão. O famoso "mente aberta". As pessoas só perseveram se perceberem a queda como aprendizagem.

Saber distinguir tais perfis é interessante até pelas características de cada função. Uma pessoa mente aberta encaixa-se muito bem na área de vendas, já uma pessoa mente fechada seria mais adequada na área contábil e financeira. Adequação de competências além das técnicas, levando-se em consideração também a motivacional e emocional.

XV - Ambiente e Hábitos:

Há que se dar muita importância em refinar o ambiente para condicionar o comportamento, pois o que parece ser um problema individual, em geral, é um problema circunstancial. Isso se deve ao fato de sermos incrivelmente sensíveis ao ambiente e à cultura – às normas e expectativas das comunidades as quais pertencemos. Da mesma forma, os hábitos são nosso piloto automático comportamental, haja vista que para mudar a si mesmo, ou os outros, é preciso transformar hábitos.

Nessa linha, Heath (2010) sugerem que, para a mudança de hábitos, seja adotado um plano mental denominado "gatilho de ação". A partir desse plano, a pessoa deve visualizar o momento e o local em que fará algo importante, bem como necessidade de fugir dos vícios comportamentais alheios, pois o comportamento é contagioso. Até porque, diante de nossa tendência de mimetizar o comportamento alheio com o qual nos identificamos, fazemos determinadas coisas porque vemos que os nossos pares as fazem.

Além de termos as condições emocionais favoráveis, não podemos descuidar dos aspectos externos envolvidos no processo de reprodução de competência, tendo em mente sempre a criação de tendências e comportamentos de excelência. Toda e qualquer alteração de ambiente e hábitos deve ser dirigida a estimular comportamentos positivos, ativos.

As neurociências já consolidaram o entendimento de que quando buscamos evitar determinadas condutas, na linha do não faça isso, não faça aquilo, estamos tão somente reforçando o que se pretende mudar, por força do controle subjetivo do indivíduo que internamente reitera que "não posso fazer tal coisa". A exemplo de "não posso fumar", "não posso beber quando dirijo".

Dessa maneira, o caminho correto passa por criar condições para que se tenha um comportamento que venha a substituir outro: "vou beber sucos naturais", "vou praticar atividades físicas". Não menos importante, esses estímulos devem ser dirigidos a adoção de comportamentos específicos, a fim de dar clareza ao objetivo pretendido: "Após o café da manhã (gatilho), vou correr durante trinta minutos em dias alternados", "Tão logo eu desconecte meu computador (gatilho), vou desligar a impressora e as luzes da sala". Em resumo, estimula-se a substituição de uma coisa por outra, melhor, e não a supressão de algo, a partir de ajustes pontuais e refinamento do ambiente, recondicionando a conduta.

XVI - CHANGE
(Conhecimentos, habilidades e atitudes norteados por gestão emocional):

As referências científicas selecionadas permitem destacar que as emoções são universais, sentidas por todas as pessoas a qualquer momento. Entretanto, cada qual tende a reagir de uma maneira distinta, conforme suas experiências, crenças, ambiente, cultura, critérios e valores subjetivos, o que determina que a motivação deva ser tratada de forma mais humana e individualizada.

Por conseguinte, o conceito de competência da Administração que engloba o famoso CHA (conhecimento, habilidades e atitudes) parece limitado à realidade, uma vez que considera tão somente os aspectos referentes à formação técnica, científica e prática da pessoa. Isso, por si só, mostra-se insuficiente e a academia tem a finalidade de reflexão e aprofundamento da discussão do tema. E a minha – a nossa – obrigação é a de quebrar paradigmas para empoderar as pessoas, a partir de simplificação e disseminação dessas novas concepções no dia a dia das pessoas, dentro e fora das organizações.

Os autores pesquisados permitem-me afirmar que a emoção é o filtro da razão. Quer dizer, as nossas decisões acertadas são tomadas no inconsciente antes de virem à tona do consciente, a partir do momento em que estamos respaldados pela emoção condizente, adequada ao contexto e aos objetivos pretendidos. A decisão já foi tomada, a razão serve como mero instrumento de justificação.

De maneira que merece mais relevo a relação íntima entre a emoção e a motivação, tornando viável a ampliação do conceito de competência no campo da Administração, com reflexo nas organizações. As descobertas sobre as motivações humanas ensejam que o conceito se modernize, de modo a tornar-se mais abrangente, eficaz e eficiente. Pelo que sugiro, diante da realidade das relações, que o conceito de competência baseado no CHA (conhecimentos, habilidades e atitudes) seja ampliado para CHANGE (Conhecimentos, Habilidades e Atitudes norteados por Gestão Emocional).

Coincidentemente, a sigla dessa nova concepção remete-nos à palavra inglesa change, cuja tradução significa "mudança". E é justamente através de uma mudança de paradigmas, crenças, valores e afins que poderemos inovar no sentido de se atingir um nível mais satisfatório no alcance da motivação através da Gestão Emocional. Para tanto, temos que exercer essa curiosidade sobre o quanto somos capazes de mudar para melhor. Com isso, poderemos transpor os paradigmas culturais que limitam nossa formação e aquisição de autoconhecimento. Urge, apenas, que nos permitamos a um novo patamar!

Assim, o nível de excelência em competência, que o mundo corporativo e a sociedade exigem das pessoas atualmente, só poderá ser atingido se nossos conhecimentos, habilidades e atitudes forem norteados pela gestão emocional. Essa nova referência para se atingir a competência motivacional tem como premissa podermos abrir uma oportunidade de reflexão sobre a aplicação das emoções não só no ambiente corporativo, mas também no dia a dia dos indivíduos. Dessa forma, criaremos as condições para que novos estudos venham a aprofundar o tema, enriquecendo a discussão a respeito de tão valiosa ferramenta colocada à disposição pelo nosso inconsciente.

Sejam bem-vindas, emoções, ao consciente organizacional!

CONSIDERAÇÕES *finais*

As demandas atuais emergem um conflito entre os interesses das corporações e dos funcionários. Pessoas hoje refletem sobre significado e propósito. A linha economicista perde terreno em produtividade diante de pessoas que almejam atividades que lhes proporcione o prazer naquilo que se faz e a satisfação efetiva do destinatário final do seu trabalho, em nome de uma causa maior e nobre. O reconhecimento está além da simples compensação financeira.

Há um clamor por um capitalismo consciente, pela busca do equilíbrio, em que trabalho, lazer, lucro, sustentabilidade, meio ambiente, ética e qualidade de vida passam a compor o cenário idealizado da realização humana. Essa mudança de padrão exige um ajuste na forma como as motivações das pessoas são tratadas. Não se pode abandonar a essência das coisas, distorcer concepções para atender a um único viés – econômico – das relações humanas. A forma como as coisas são conduzidas nos negócios, com a ganância travestida de ambição, não garante um futuro digno às novas gerações.

Assim, fico na expectativa de ter cumprido o meu propósito de compartilhar conhecimentos que tragam à tona conceitos, definições, doutrinas, pesquisas, dados, elementos e ferramentas que possam agregar na concepção e na forma com que a motivação e o engajamento merecem ser tratados no cotidiano das pessoas. Quando falamos de pessoas, de gestão de recursos humanos, devemos ir além de simples ações de marketing que não têm o compromisso com a verdade e com um resultado recíproco. A verdade precisa ser dita, pois só se estimula o consumismo visando o lucro, sem preocupação com os reflexos e a sustentabilidade das relações humanas e do planeta.

Não à toa essa obra vem à tona num período em que nosso país passa por momentos institucionais críticos. Tudo por conta de escolhas feitas às escuras, decorrentes de engenhosas maquiagens para que a sociedade veja somente aquilo que interesse aos objetivos de um grupo político ou de um conglomerado econômico, em detrimento da dignidade de uma nação ou do bem-estar da sociedade.

Essas distorções não podem se repetir no cenário corporativo, as relações devem estar lastreadas na confiança, no respeito à verdade e aos valores dos envolvidos. Essa obra ambiciona elevar a seriedade no trato de temas tão relevantes, que afetam diretamente o resultado com que tanto os gestores se preocupam. A tangibilidade do que a motivação e o engajamento são capazes de produzir, vai além dos números, expressa-se na felicidade, na satisfação, na lealdade, na realização das pessoas que aderem a um projeto, a uma causa, consolida-se no tempo. A compreensão do que é possível fazer para que as pessoas se motivem e se engajem efetivamente passa diretamente pela clareza do objetivo que está presente em cada uma dessas ações, o que cada uma é capaz de despertar e proporcionar, sem conotações. Assim, o grande diferencial virá da gestão emocional, em saber administrar as emoções como o passo número um para desenvolver competência motivacional, ativando inspirações e aspirações que permitam que a pessoa alcance seu autoconhecimento em busca da autorrealização.

A certeza do que se é, do que se acredita e do que se deseja dá um norte para os objetivos de vida do indivíduo, a partir dos valores, crenças e propósitos bem definidos. Com isso é possível encontrar a convergência necessária para adotar ações que atendam às demandas de competência, autonomia e relacionamentos necessários à satisfação das necessidades da pessoa. Por consequência, estar-se-á criando as condições aptas a gerir um ambiente corporativo – quiçá pessoal – que proporcione adesão, favorecendo o vínculo emocional ensejador da motivação interna e do engajamento.

Minha maior inspiração é que a partir dessas linhas consigamos auxiliar os gestores, líderes – e toda a pessoa interessada no tema motivação e engajamento – a alcançar o seu objeto de desejo na seara da gestão de pessoas e na vida pessoal. A certeza é a de que, ao se instrumentalizar a verdadeira motivação e o real engajamento, os resultados serão consequência natural de uma relação de reciprocidade de ambições, em que a melhor forma de se fazer – a proficiência – criará excelência nos processos e consistência nos resultados.

Ademais, ao incutir a cultura da educação emocional, estamos proporcionando condições de empoderamento das pessoas, de maneira que possam atingir novos patamares na vida pessoal e profissional, bem como em todas as suas relações sociais, contribuindo com sua realização e qualidade de vida. E o mais importante, evitando sofrimentos desnecessários. Quantas oportunidades, quantas carreiras, quantas vidas são perdidas pela falta de conhecimentos básicos sobre como lidar com as emoções? Temos a responsabilidade social de disseminar conteúdo que fortaleçam as pessoas, que lhes permitam crescer, autoconhecerem-se, alavancarem suas vidas através do uso adequado das emoções. A educação emocional é o chamado!

Por derradeiro, expresso que cada obra produzida não possui um único fim, vez que se revela apenas como um ponto de partida – um instrumento, um meio, um caminho – para uma nova jornada de aprendizado e evolução. Sendo assim, deixo-lhes uma poesia que resume o percurso até aqui percorrido:

Compartilhar

Estou muito feliz,
Vim apenas compartilhar.
O caminho é longo,
Não importa o que fiz,
Há tempo para conquistar.

Compara-te!
Mas com quem está pior do que você,
Pois neste vai e vem, tudo pode acontecer.

Será gratificante
Ver o quanto somos privilegiados,
Siga adiante!
Temos muito mais
E necessitamos de muito menos,
Olhe para os lados.

Contudo, sem saber do que precisamos,
Confundimos o que queremos,
À toa relutamos,
Por coisas incertas sofremos.

Dar-te, doar-te!
O recebimento será instantâneo.
Somos nosso maior obstáculo,
Distorcemos a realidade,
Por algo momentâneo.

Daí, tentamos nos esconder
Atrás de uma máscara
– para nos enganarmos aos poucos –
O que nem sempre nos impede
Que sejamos reconhecidos pelos outros.

No entanto, não conseguimos revelarmo-nos
Ou conhecermo-nos perante o espelho.
Portanto, apenas te permita,
Seja você mesmo, lembre-se disso como conselho.

Coragem e atitude.
Haverá sempre ganhos no caminho,
E o maior deles é a virtude.
Não esqueça que em tudo isso,
Você nunca está sozinho.

Comece agora!
Teu agir vai indicar a tua vez,
A tua hora.
Com licença, está gostoso,
Mas preciso ir embora.

Eu volto!
Nem sei se vou,
Não me revolto,
Sinto-me sempre presente.
Em especial hoje,
Pois me sinto leve e contente.

Edu Santos

REFERÊNCIAS bibliográficas

ALLEN, N.J.; MEYER, J. P. *The measurement and antecedents of affective, continuance and normative commitment to the organization*. Journal of Occupational Psychology, 63, 1-18, 1990.

ABREU, M. J. C. & SILVA, G. A. V. da. *Contratos Psicológicos nas Organizações: Bases de sua Construção*. Revista de Gestão USP, São Paulo, v. 13, n. especial, p. 93-104, 2006.

AON, Hewitt Inc. *Tendências Globais de Engajamento dos Funcionários*. 2015.

BAKKER, A. B., & Demerouti, E. *Towards a model of work engagement*. Career Development International, 13(3), 209-233, 2008.

BAKKER, A. B. *An evidence-based model of work engagement*. Current Directions in Psychological Science, 20(4), 265-269, 2011.

BAKKER, A. B., Albrecht, S. L., & Leiter, M. P. *Work engagement: further reflections on the state of play*. European Journal of Work and Organizational Psychology, 20(1), 74-88, 2011.

BANDLER, R.; GRINDER, J, *Sapos em príncipes*. 8ª ed. São Paulo: Summus, 1982.

_____. *Atravessando: passagens em psicoterapia*. São Paulo: Summus, 1984.

_____. *Ressignificando*. São Paulo: Summus, 1986.

BANDLER, R. *Usando sua mente: as coisas que você não sabe que não sabe*. 7 ed. São Paulo: Summus, 1987.

BANDLER, R.; LA VALLE, J. *Engenharia da Persuasão*. Rio de Janeiro:Rocco, 1999.

BASTOS, A. V. B. *O Conceito de Comprometimento - sua natureza e papel nas explicações do comportamento humano no trabalho*. Organização e Sociedade, v. 1, n. 2, p. 77-106, 1994b.

BOWDITCH, J. L. & BUONO, A. F. *Elementos de Comportamento Organizacional*. São Paulo: Editora Pioneira, 1 ed, 4 r, 2000.

BRANCO, A. V. *Competência Emocional*. Portugal: Ed. Quarteto, Coleção Nova Era, 2004.

CAMERON, L. et al. *O método emprint: um guia para reproduzir a competência*. 2ª ed. São Paulo: Summus. 1992.

CAMERON, L.; BANDLER, R.& LEBEAU, M. *O refém emocional*. São Paulo: Summus, 1993.

CHIAVENATO, I. *Remuneração, benefícios e relações de trabalho: como reter talentos na organização*. 3. ed. São Paulo: Atlas, 2003.

CHIAVENATO, I.: *Gestão de Pessoas: O novo papel de recursos humanos nas organizações*, 2.ed. Rio de Janeiro: Elsevier, 2004.

DAVENPORT, T. O. *Capital humano: o que é e por que as pessoas investem nele*. São Paulo: Nobel, 2001.

DAVIS, K. & NEWSTROM, J. W. *Comportamento Humano no Trabalho – Uma Abordagem Psicológica*. São Paulo: Editora Pioneira, 1 ed, 2 r, 1998.

DECI, E. L. & Ryan, R. M., *Intrinsic motivation and self-determination in human behavior*, New York. Plenun.1995.

EKMAN, P. *A linguagem das emoções*. São Paulo: Lua de Papel, 2011.

FLEURY, M. T. L.; FLEURY, A. *Construindo o conceito de competência*. Curitiba: Revista de Administração Contemporânea, vol. 5, 2001.

GALLUP, Inc., *State of The Global Workplace: Employee Engagement Insights for Business Leaders Worldwide*. Gallup, 2013.

GERMAIN, W. M. *O mágico poder da sua mente*. São Paulo: Papel Livros, 1977.

GOEBEL, B. L. & BROWN, D. R. *Age differences in motivation related to Maslow's need hierarchy*, Developmental Psychology, 17, 809-815, 1981.

HEATH, C.; HEATH, D. *A Guinada*. Rio de Janeiro: Best Business, 2010.

HIGGINS, E. T. *Value from hedonic experience and engagement. Psychological Review*, v. 113, n. 3, p. 439-460, 2006.

HOLLENBECK, J. R. & WAGNER III, J. A. *Comportamento Organizacional – Criando Vantagem Competitiva*. São Paulo: Editora Saraiva, 1 ed, 1999.

IZARD, C. E. *The psychology of emotion*, New York, Plenum, 1991.

MANES, F. *Usar o Cerébro, Aprenda a Utilizar a máquina mais complexa do universo*. 1ª Ed. – São Paulo: Planeta, 2015.

MASLOW, A. H. *A theory of human motivation. Psychological Review*, 1953.

MASLOW, A. H *The farther reaches of human nature*, New York, Viking Press, 1971.

MATHES, E. W. *Maslow's hierarchy of needs as a guide for living*, Journal of Humanistic Psychology, 21, 69-72, 1981.

MENDONÇA, M. C. F.. *Tese de mestrado sobre Retenção de Talentos por meio de Reconhecimento e Recompensas*. Rio de Janeiro: FGV, 2002.

MILLWARD, L. J.; BREWERTON, P. M. *Psychological Contracts: Employee Relations for the Twenty-first Century? International Review of Industry and Organizational Psychology*, Manchester: John Wiley & Sons, Ltd., v. 15, p. 1-61, 2000.

MOWDAY, R.T.; STEERS, R.M.; PORTER, L.W. *Employee organizational linkages: the psychology of commitment, absenteism and turnover. In P. War* (Ed.), organizational and occupational psychology, p. 219-229. New York: Academic Press, 1982.

REEVE, J., *Understanding motivation and emotion*, fouth edition. John Wiley & Sons, Inc., 2005.

ROBBINS, A.. *Poder sem limites: O caminho do sucesso pessoal pela programação neurolinguística*. 7ª ed. Rio de Janeiro: Bestseller, 2007.

ROUSSEAU, D. M. *Psychological contracts in organizations: understanding written and unwritten agreements*. Thousand Oaks: Sage, 1995.

SHELDON, K., ELLIOT, A. J., KIM, Y. & KASSER, T. *What is satisfying about*

satisfying events? Testing 10 candidate psychological needs. Journal of Personality and Social Psychology, 80, 325-339, 2001.
SIQUEIRA, M. M. M. *Proposição e análise de um modelo para comportamento de cidadania organizacional.* Revista de Administração Contemporânea, v. 7 (especial), p. 165-185, 2003.
SMITHSON, J.; LEWIS, S. *The Psychological Contract: a sloan work and family encyclopedia entry.* 2003. Disponível em: http://www.bc.edu/bc_org/avp/wfnetwork/rft/wfpe dia/wfpPCent.html>
SPECTOR, P. E. *Psicologia nas Organizações.* São Paulo: Editora Saraiva, 2 ed, 2002.

REFERÊNCIAS COMPLEMENTARES:

AMABILE, T.M. *How to kill creativity.* Harvard Business Review, 76-87, 1998.
ANDERSON, K.J. *Arousal and the inverted hyphotesis: A critique of Neiss's Reconceptualizing arousal.* Psychological Bulletin, 96-100, 1990.
AZAR, B. *Seligman recommends a depression vaccine.* APA Monitor, 27, 1994.
BANDURA A, *Self-eficcacy. In Social foundations of thought action: A social cognitive theory*, 390-453. Englewood Cliffs. NJ. Prentice-Hall, 1986.
BANDURA, A. *Self-eficcacy conception of anxiety.* Anxiety Research, 77-98,1988.
BANDURA & WOOD, *Human agency in social cognitive theory.* American Psychologist, 1175-1184, 1989.
BANDURA, A. *Self-regulation of motivation throught anticipatory and self-regulatory mechanisms. Nebrasla symposium on motivation: Perspectives on motivation* (vol. 38, 69-164. Lincoln: University of Nebraska Press, 1991.
BANDURA, A. *Self-efficacy: The exercise of control.* New York: W.H. Freeman, 1997.
BAUMEISTER, R.F. & VOHS, K.D. *The pursuit of meaningfulness in life. Handbook of positive psychology*, 608-618. New York: Oxford University Press, 2002.
BAUMEISTER R.F., CAMPBELL, J.D., KRUEGER, J.L. & VOHS, K.D, *Does high self-esteem cause better performance, interpersonal success, happiness, or healthier lifestyles? Psychological Science in the Public Interest*, 1-44, 2003.
BERLYNE, D.E. *Arousal and reinforcement. Nebraska symposium on motivacion* (vol. 15, 1-110). Lincoln: University of Nebraska Press, 1967.
COSTA, P.T. & MCCRAE, R.R. Revised NEO Personality Inventory (NEO PI-R) and NEO Five-factor Inventory Professional manual. Odessa, FL.: Psychological Assessment Resources, 1992.
DAVIDSON, R.J. *On emotion, mood, and related affective constructs.* In P. Ekman & R.J. Davidson (Eds.) *The nature of emotion: Fundamental questions*, 51-55. New

York: Oxford University Press, 1994.

DECI E.L. & RYAN, R. M. *Intrinsic motivation and self-determination in human behavior.* New York: Plenum. 1985.

DWECK, C.S. *Motivation. Foundations for a cognitive psychology of education.* Hillsdale. NJ: Laurence Erlbaum, 1990.

DYKMAN, B.M. *Integrating cognitive and motivational factors in depression: Initial test of a goal-orientation approach. Journal of Personality and Social Psychology,* 139-158, 1998.

EREZ, M., EARLEY, P.C. & HULIN, C.L. *The Impact of participation on goal acceptance and performance: A two-step model. Academy of Management Journal,* 50-66, 1985.

EYSENCK, S.B, EYSENCK, H.J. & BARRET, P. *A revised version of the psychotism scale. Personality and Individual Differences,* 21-29, 1985.

GECAS, V. & BURKE, P.J. *Self and identity. Sociological perspectives on social psychology,* 41-67. Boston: Allyn & Bacon, 1995.

GOLLWITZER, P.M. & MOSKOWITZ, G.B. *Goal effects on action and cognition. Social psychology: Handbook of basic principles,* 361-399. New York: Guilford Press, 1996.

GOLLWITZER, P.M. *Implementation intentions: Strong effects of simple plans. American Psychology,* 493-503, 1999.

GONAS, G. *Situation versus frame: The interactionist and the structuralist analysis of every-day life.* American Psychology Review, 854-876, 1977.

HELMKE, A. & VAN AKEN, M.A.G. *The causal ordering of academic achievement and self-concept of ability during elementary school: A longitudinal study: Journal of Educational Psychology,* 624-637, 1995.

ISEN, A. M. *A role for neuropsychology in understanding the facilitating influence of positive effect on social behavior and cognitive processes. Handbook of positive psychology,* 528-540. New York: Oxford University Press, 2002.

JOHN, O.P & SRIVASTRAVA, S. *The big five trait taxonomy: History, measurement, and theoretical perspectives. Handbook of personality: Theory and research,* 102-138. New York: The Guilford Press, 2000.

LARSEN, R.J. & DIENER, E. *Affect intensity as an individual difference characteristic: A review. Journal of Research in Personality,* 1-39, 1987.

LEPPER, M.R. & GREENE, D. *The hidden costs of reward.* Hillsdale, NJ: Erlbaum, 1978.

LOCKE, E.A. *Motivation through conscious goal setting. Applied and Preventive Psychology,* 117-124, 1996.

LOCKE, E.A. & LATHAM, G.P. *Goal-setting: A motivational technique that works!* Englewood Cliffs, NJ: Prentice Hall, 1984.

LOCKE. E.A. & LATHAM, G.P. *Building a practically useful theory of goal setting and task motivation. American Psychology,* 705-717, 2002.

LUCAS, R.E, DIENER, E., GROB, A., SUH, E.M. & SHAO, L. *Cross-cultural evidence for the fundamental features of extraversion.* Journal of Personality and Social Science, 452-468, 2000.

MILLER, G.A., GALANTER, E.H. & PRIBRAM, K.H. *Plans and the structure of behavior.* New York: Holt, Rinehart & Winston, 1960.

PALLAK, S.R., COSTOMIRIS, S., SROKA, S. & PITTMAN, P.S. *School experience, reward characteristics, and intrinsic motivation.* Child Development, 1382-1391, 1982.

PATRICK, B.C, SKINNER, E.A. & CONNELL, J.P. *What motivates children´s behavior and emotion? Joint effects of perceived control and autonomy in the academic domain.* Journal of Personality and Social Science, 781-791, 1993.

PETERSON,C., MAIER, S.F. & SELIGMAN, M.E.P. *Learned helplessness: A theory for the age of personal control.* New York: Oxford University Press, 1993.

RYAN, R. M., & GROLNICK, W.S. *Origins and pawns in the classroom: Self-report and projective assessments of individual differences in children´s perceptions.* Journal of Personality and Social Psychology, 550-558, 1986.

RYAN, R.M., RIGBY, S. & KING, K. *Two types of religious internalization and their relations to religious orientations and mental health,* 1993.

SHELDON, K.M. *The self-concordance model of healthy foal striving: When personal goals correctly represent the person. Life goals and well-being: Towards a positive psychology of human striving,* 18-36. Seatle: Hogrefe & Huber Publishers, 2001.

SKINNER, E.A. *Perceived control, motivation and coping.* Newbury Park. CA: Sage, 1995.

TOMKINS, S.S. *Affect theory. Approaches to emotion,* 163-196. Hillsdale, NJ: Lawrence Erlbaum, 1984.

WELLBORN, J.G. *Engaged and disaffected action: The conceptualization and measurement of motivation in the academic domain.* Unpublished doctoral dissertation. University of Rochester, 1991.

WINTER, D.G. *The power motive.* New York: Free Press, 1973.

WORTMAN, C.B. & BREHM, J.W. *Responses to uncontrollable outcomes: An integration of reactance theory and the learned helplessness model. Advances in experimental social psychology,* vol. 8, 277-336. New York: Academic Press, 1975.

ZUCKERMAN, M. *Behavioral expressions and biosocial bases of sensation seeking.* New York: Cambridge University Press, 1994.

CONTATO COM
o autor

Site: www.edusantospalestrante.com

E-mail: palestrante@edusantos.pro.br
intuicaoconsultoria@terra.com.br

Linkedin:
https://www.linkedin.com/in/palestranteedusantos/

Facebook:
https://www.facebook.com/palestrante.edusantos/

Fone/whatsapp:
+55 (51) 99122-3050

Impressão e acabamento
Rotermund
Fone (51) 3589 5111
comercial@rotermund.com.br